저자들의 또 다른 책:

『비즈니스 에코시스템과 미래 성장을 위한 디자인 씽킹』

『디자인 씽킹 7 프로세스와 가장 혁신적인 워크 툴킷』

라이프
디자인 씽킹

라이프 디자인 씽킹
성공적인 삶을 디자인하는 창의적 방법론

지은이 마이클 루릭, 장-파울 토멘, 래리 라이퍼
옮긴이 이유종, 조은영

이 책의 교정은 김현정, 디자인은 디플, 제작은 도담프린팅의 박황순,
종이는 다올페이퍼 여승훈이 진행했습니다.
이 책의 성공적인 발행을 위해 애써주신 다른 모든 분들께도 감사드립니다.
틔움출판의 발행인은 장인형입니다.

초판 1쇄 인쇄 2024년 10월 18일
초판 1쇄 발행 2024년 10월 25일

펴낸 곳   틔움출판
출판등록   제313-2010-141호
주소   경기도 고양시 덕양구 청초로 66 덕은리버워크 A-2003
전화   02-6409-9585
팩스   0505-508-0248
홈페이지   www.tiumbooks.com

ISBN 979-11-91528-23-7 03320

잘못된 책은 구입한 곳에서 바꾸실 수 있습니다.

라이프 디자인 씽킹

성공적인 삶을 디자인하는

창의적 방법론

마이클 루릭Michael Lewrick
장-파울 토멘Jean-Paul Thommen
래리 라이퍼Larry Leifer 지음

이유종, 조은영 옮김

아힘 슈미트Achim Schmidt 디자인

티움

저자 소개

마이클 루릭Michael Lewrick 박사는 저명한 연사로 여러 대학에서 디자인 씽킹을 가르치고 있습니다. 그는 베스트셀러 『디자인 씽킹 7 프로세스와 가장 혁신적인 워크 툴킷The Design Thinking Toolbox』과 『디자인 씽킹 플레이북The Design Thinking Playbook』의 저자로, 사람, 팀 및 조직의 의식적인 변화에 대해 말합니다. 마이클은 복잡한 문제를 해결하기 위해 다양한 마인드세트를 적용하는 리더입니다. 그는 대학 및 기업과 협력하고 개인과 조직의 변화에 있어서 사람들의 자기효능감에 초점을 맞춥니다. 그는 디지털화, 혁신 및 변화 관리 분야에서 세계적으로 인정받는 리더입니다.

장 파울 토멘Jean-Paul Thommen 박사는 수년 동안 학생과 기업인을 코칭했습니다. 그는 유럽 비즈니스 스쿨(위스바덴)에서 지난 10년 동안 수천 명의 사람들이 성공적으로 이수한 코칭 프로그램을 개설했습니다. 여러 대학에서 리더십, 조직 개발 및 비즈니스 윤리 분야 강의를 하는 교수로서 그는 다양한 기업에 관련된 조언을 하고 있습니다

래리 라이퍼Larry Leifer 박사는 세계에서 가장 영향력 있는 인물이자 디자인 씽킹의 선구자입니다. 전 세계에 디자인 씽킹을 소개하고 수많은 기업, 혁신 실무자 및 학생들이 새로운 시장 기회를 찾을 수 있도록 이끌었습니다. 수년 동안 다양한 디자인 씽킹 기술을 개발한 그는 이를 사람들의 개별적인 니즈에 맞게 변화시켰습니다. 또한 그는 엔지니어링 디자인 교수이자 스탠퍼드대학교의 디자인연구센터(CDR)와 하소플래트너디자인씽킹리서치 프로그램Hasso Plattner Design Thinking Research Program의 창립 이사이기도 합니다.

다음은 라이프 디자인 씽킹입니다.

. . . .

역자 소개

이유종
디자인씽킹연구소 대표 겸 창립자,
혁신, 창업, 4차 산업혁명, 사회공헌 전문가, 라이프 디자이너

알토대학교(前 헬싱키경영경제대학교) 경영전문대학원, 미국 IIT공대
디자인혁신경영대학원을 졸업하고 기업의 혁신성장전략그룹에서 디자인
씽킹에 관한 다수의 프로젝트와 교육을 담당했다. 현재 기업, 기관, 대학,
청소년의 교육과 컨설팅·프로젝트를 수행하는 디자인씽킹연구소의
연구소장을 맡고 있으며, 디자인 씽킹design thinking과 비즈니스
에코시스템에 관한 연구와 저술 활동 및 관련 영역을 개척해 나가고 있다.
현재 활동 영역은 혁신, 창업·창의적 사고, 4차 산업혁명, 사회공헌·ESG
등이고 기업과 대학 및 모든 조직이 필요로 하는 부분을 교육과 컨설팅의
형태로 제공하고 있다.

조은영
디자인씽킹연구소 수석 연구위원,
라이프 디자이너

디자인씽킹연구소 수석 연구위원으로 디자인 씽킹 방법론으로 혁신과
변화를 이끌어내는 교육 및 컨설팅 전문가로 활동하고 있다. 현재 혁신,
창업·창의적 사고, 4차 산업혁명, 사회공헌·ESG의 영역에서 연구와 교육을
함께 하고 있다. 『디자인 씽킹 7 프로세스와 가장 혁신적인 워크 툴킷』,
『비즈니스 에코시스템과 미래 성장을 위한 디자인 씽킹』 책을 번역하고,
청소년을 위한 디자인 씽킹 교재를 개발했다. 창의적인 문제해결 방법에
관심을 가지고 TOCfE(교육을 위한 제약이론) 사고 도구를 활용한 문제해결
방법론을 교육 중이며 (사)한국TOC협회 이사, 국제TOCfE 마스터
퍼실리테이터로도 활발하게 활동 중이다.

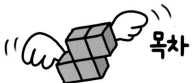

목차

이 여정을 당신과 함께
하려는 이유

개인의 발전을 위해 공감과
자기효능감은 필수적이다.

다음에 어떤 일이 일어날지 궁금해지는
순간이 있다.

인생은 우리가 수행할 가장 크고
복잡한 프로젝트이다.

그리고 무엇보다도, 우리는 언제든지 변화를
만들 수 있다.

디자인 씽킹은 더 깊이 파고들 수 있는
도구를 제공하는 전체적인 접근 방식이다.

긍정적인 마인드세트는 인생에서
더 행복한 순간을 경험하도록 돕는다.

문제를 바라보는 또다른
방식이 변화를 가져오는데
도움이 된다.

효율적인 삶이 행복한 삶이다.

삶을 시각화 하면 실현 가능성이 높아진다.

서문

버니 로스 Bernie Roth

- 기계공학과 교수
- 스탠퍼드대학교 하소플래트너디자인연구소Hasso Plattner Institute of Design(the d.school) 공동 창립자
- 『성취 습관The Achievement Habit』 저자

나는 60년 이상 디자인을 가르치는 즐거움을 누렸다. 원래는 일반적인 기계 디자인을 주로 가르쳤다. 그러다가 로봇 디자인을 포함했다. 그러면서 학생들의 창의적 사고를 키우고 자기효능감을 향상시키는 것으로 확장했다. 약 15년 전, 나는 스탠퍼드대학교 디스쿨d.school의 창립 멤버로 참여하면서, 주요 활동이 디자인에서 오늘날 우리가 디자인 씽킹이라고 부르는 것으로 전환되었다. 디자인 씽킹은 원래 물리적 제품 디자인에 주로 사용되었던 기술과 아이디어를 훨씬 더 광범위한 이슈를 다루는 문제에 적용하는 방법이다.

디자인 씽킹이란 원래 다른 사람을 위해 디자인을 한다는 편향된 시각이 있었다. 객관적인 외부인만이 어떤 문제에 몰두한 사람들이 놓치는 통찰을 제공할 수 있다고 여겼다. 우리는 '자신을 위해 디자인하지 말자!'라는 모토를 만들었다. 하지만 이는 일종의 모순이었다. 당시 나는 디자인 씽킹의 일부가 된 원칙을 적용하여 개인이 자신의 삶을 주도하도록 하는 것과 관련된 교육을 많이 했기 때문이었다.

그래서 내가 『성취 습관』이라는 책을 쓰기 시작했을 때 디자인 씽킹 동료들이 나를 이단이라고 비난할까 걱정했다. 하지만 그 반대였다. 디자인 씽킹을 자기 자신에게 적용하는 것이 허용되기 시작한 것이다. 예를 들어, 아이디오IDEO(세계 최고의 디자인 씽킹 컨설팅 기업)의 CEO인 팀 브라운은 『성취 습관』의 책 표지에 이렇게 썼다. "다른 사람에게 디자인 씽킹을 풀어놓기 전에, 자신에게 디자인 씽킹을 적용하라. 그렇게 하면 당신 자신과 세계가 훨씬 더 나아질 것이다." 더 기쁜 일은 자신의 삶에 가져온 긍정적인 변화에 대해 얼마나 감사한지를 알려준 수많은 독자들의 이메일이었다.

지난 몇 년 동안 디자인 씽킹의 세계는 진화했고, 자신의 삶에 디자인 씽킹을 적용하는데 도움이 되는 책들이 출간되었다. 디자인 씽킹의 가장 중요한 원칙 중 하나가 사용자 중심이기 때문에 이것은 완벽하게 이해된다. 이는 사용자에 대한 디자이너의 공감을 의미한다. 공감이란 디자이너가 무언가를 디자인하는 사람의 "입장이 되어 보는 것"을 의미한다. 따라서 사람들이 자신을 위해 디자인하는 경우 분명히, 그들은 이미 디자인하는 사람의 입장에 있는 것이다. 그러나 자기 평가에 관해서는 객관적이지 못한 경향이 있기 때문에 위험성이 존재한다. 따라서 자신의 삶에 적용하는 문제를 해결하는 방법에는 자신을 속이고 있거나 사물을 명확하게 보지 못할 때 경고하는 안전 장치가 포함되어 있어야 한다. 나는 이 책의 저자들이 이러한 잠재적 위험을 잘 알고 있고, 독자들에게 이를 잘 경고하고 있다는 사실을 알게 되어 기뻤다. 이것이 바로 이 책의 강점이다.

이 책은 사람들에게 자신의 삶을 더 만족스럽게 만들고, 현재 상황을 더 정직하게 바라볼 수 있는 용기를 제시한다. 이 책에서 마이클 루릭, 장 파울 토멘, 래리 라이퍼가 독자들을 이끄는 기법과 전략은 개인의 활동과 관계 측면에서 한 사람의 삶을 다시 디자인하는데 사용될 수 있다. 이 책은 변화를 시작하고, 생각하고, 행동하며 인생의 기회를 활용하려는 모든 사람에게 귀중한 경험이 될 것이다.

– 버니 로스

환영합니다!

이 책에서 우리는 변화를 시작하는데 도움이 되는 엄선된 기술과 전략을 제시하고자 한다. 이 도구는 구체적인 상황에 맞게 조정되고, 주변 사람들이 지금 우리가 어떤 '여정'에 참여하고 있는지 알고 있을 때 가장 효과적으로 작동한다. 친구, 가족, 동료 등 주변 사람들 역시 이 책을 가지고 여정에 참여하면 더 의미가 있다. 이 책을 보면, 우리 주위를 둘러싼 변화가 사회적 환경과 관련이 많다는 사실을 금방 알아차릴 것이다. 자신의 셀프self 이미지, 자신에 대한 타인의 인식에 관한 질문은 사회 시스템의 필수적인 부분이다.

디자인 씽킹에서와 마찬가지로 라이프 디자인 씽킹Design Thinking Life 프로세스는 방향 설정, 즉 라이프 디자인 씽킹 사이클에서 자신이 어디에 있는지를 파악하는데 사용된다. 성공을 위해서는 상황과 해당 주제에 맞게 조정된 유연한 적용이 중요하다. 그 외에 중요한 것은 효과와 효율성이다.

이 책은 의도적으로 관련된 과학적 논문을 배제했다. 우리 일상에 효과적으로 적용하기 위해서이다. 물론 신경과학에서 나온 모든 종류의 새로운 지식을 개인의 삶에 적용하거나, 전문 서적을 통해 해당 주제에 관한 이해를 심화하거나, 관련된 특정 기술을 적용하는 것은 바람직하다.

하지만 이 책을 시작하면서 복잡하고 어려운 주제를 드러내어 시작조차 하지 못하게 만들어서는 안 된다는 점을 밝힌다. 이런 징후가 나타나면 적절한 전문가에게 코칭을 받아야 한다. 전문 코치를 두려워할 필요는 없다.

– 마이클 루릭, 장 파울 토멘, 래리 라이퍼

서론

이 책은 어떻게 구성되어 있는가?

우리는 의도적으로 이 책을 두 개의 파트로 나누었다.

첫 번째 파트에서는, 수와 존이 변화를 갈망하는 과정을
보여준다. 또한 자기효능감을 갖고 행동하는데 도움이 되는 전략과
기술을 제시한다. 일반적인 질문은 다음과 같다:

• 내가 즐기는 것은 무엇인가?

• 나의 에너지를 빼앗는 것은 무엇이며, 어떻게 충전하는가?

• 내가 스스로 시작하고 실험할 수 있는 작은 변화는 무엇인가?

• 내가 어떻게 해야 이런 변화를 만들 수 있는가?

두 번째 파트에서는, 인생에서 할 수 있는 큰 결정과 변화를
다룬다. 이는 우리가 평생 직면하는 문제이다. 따라서 직업과 커리어
플래닝에 초점을 맞추었다. 스티브와 함께 커리어 플래닝에 대해
자문해본다. 일반적인 질문은 다음과 같다:

• 나의 스킬과 재능은 무엇인가?

• 그것을 어디에 유용하게 적용할 수 있는가?

• 진로, 직업 그리고 커리어 등에 있어서 어떻게 해야 내가 좋아하는
  것을 찾고 여기에 맞는 선택을 할 것인가?

• 다양한 옵션이 있을 때, 어떤 선택을 해야 하는가?

• 어떻게 해야 안전지대를 벗어나 변화를 시작할 수 있는가?

이 책의 가장 좋은 활용법은 무엇인가?

이 책은 변화 프로세스를 시작하기 위한 다양한 전략과 기술을 제공한다. 커리어 문제가 자신에게 가장 중요한 문제라면 Part 1을 먼저 공부하고, Part 2를 나중에 봐도 좋다.

DESIGN THINKING LIFE!

변화를 시작하기에 너무 늦은 때는 없다.

이 책에 제시된 전략, 기술 및 예시는 모두 상황에 따라 조정할 수 있는 보조 도구이다.

• 제시된 라이프 디자인 씽킹 프로세스를 따른다.

• 지시사항을 실행하고, 빈 페이지에 자신의 생각을 채운다.

• 자신이 원하는 것을 적고, 이정표를 스케치하고, 경험을 평가한다.

• 자신의 욕구를 기반으로 변화 방법을 찾는다.

• 자기효능감을 달성하는 것이 최우선 모토가 되어야 한다.

• 자신에 관해 더 많이 배우고, 새로운 것을 시도하고, 점진적으로 변화를 도입하는 이 여정에 시간을 할애한다.

• 존, 수, 스티브의 예시를 영감과 지침으로 활용하여 제시된 도구를 구현한다.

존, 수, 스티브는 누구인가?

존, 수, 스티브는 모두 평범한 사람이다. 우리가 그랬던 것처럼 그들 역시
인생에서 무언가를 바꾸고자 하는 시점에 이르렀다.
세 명의 가상 캐릭터(소위 페르소나)는 삶의 분기점 마다 등장하여
이 책에서 제시하는 도구를 적용하는데 도움을 줄 것이다.

존은 새로운 삶의 시작점에 있다. 서비스
분야에서 성공적인 커리어를 쌓은 그는
55세의 나이에 조기 퇴직을 앞두고 있다.
자녀들은 이미 집을 떠나 독립했다. 그는
이제 자신의 취미를 즐기고, 평생 꿈이었던
오토바이에 열정을 쏟을 수 있는 시간이
생겼다.

하지만 새로운 인생에는 함정도 있다. 예를 들면, 아내와의 관계에는
새로운 아이디어가 필요했다. 존은 이 기회를 적극적으로 살리고,
새로운 삶을 디자인하고자 한다. 이를 위해서는 다양한 라이프
디자인 씽킹 도구가 필요하다.

두 번째 페르소나는 수이다. 그녀는 30대 중반으로 마케팅을 공부한 후, 글로벌 커리어를 쌓았다. 하지만 자신의 삶에서 무언가 빠졌다는 생각이 든다.

이제는 인생의 동반자를 원하는 그녀는 스위스에 있는 부모님과 형제자매도 그립다. 홍콩에서의 삶과 일은 흥미롭고 도전적이지만 장기적으로 보면 그다지 만족스럽지 않다.

스티브는 이제 직장 경력을 시작하려는 단계에 있다. 스탠퍼드대학교에서 비즈니스 정보 시스템 학사 학위를 받고 막 졸업했으며, 석사 학위를 취득할지 아니면 스타트업에 취직할지 확신이 서지 않는다.

그는 스타트업이 흥미로워 보이기는 하지만 업무경험이 전혀 없다. 그의 롤 모델은 형 알렉스였다. 알렉스는 고등학교 졸업 후 뉴욕 북부에 있는 부모님과 가까운 곳에 살며, 학사 학위를 취득한 직후에 바로 석사 학위를 취득했다. 형은 현재 코넬대학교에서 박사 학위를 취득하는 마지막 단계에 있다. 형의 큰 꿈은 싱가포르에서 살면서 일하는 것이다. 그러나 그 길은 너무 지루하고 오래 걸릴 것 같아 자신에게는 적당하지 않다고 생각한다.

우리는 이 책의 Part 2에서 중대한 삶의 변화에 직면한 스티브와 알렉스에게로 돌아간다. 왜 이런 일이 Part 2에서만 일어나는지, 중대한 변화가 아니라 작은 변화에서 시작하는 이유에 대해서는 나중에 설명한다.

세 명의 가상 캐릭터는 회사, 대학 및 수많은 코칭 세션에서 수행한
라이프 디자인 씽킹 작업의 결과이다. 세 캐릭터는 모두 변화를
주도하며 삶을 새로운 방향으로 이끌었다. 그들에게 라이프 디자인
씽킹은 결코 완성되지 않은 회고, 자기 효능감, 조정의 연속적인
과정이었고, 만족스러우며 행복한 삶을 창조하는 기반이었다.

개인적으로 만족스러운 삶을 디자인하는 것이 점점 더 중요해지고 있다.
우리가 살고 있는 세상에서는 삶의 방향을 잡기가 점점 더 어려워지고
있고, 사람들은 높은 성과를 요구하기 때문이다. 증가하는 복잡성과
높은 성과에 대한 요구를 거부할 수 없으므로, 이를 처리하기 위한
전략을 개발하는 것이 최선의 선택이다. 현실은 흥미진진하다. 원한다면
누구나 자신의 개인적인 시나리오를 직접 작성할 수 있다!

"만약 마인드세트에 편견이 없다면... 모든 것에 열린
마음을 갖게 된다. '초보자의 마음'에는 많은 가능성이
있지만 전문가의 마음에는 가능성이 거의 없다."

– 스즈키 순류

디자인 씽킹이란 무엇인가?

디자인 씽킹에서는 디자이너가 일반적으로 활용하는 방법을 적용한다. 이것이 디자인 씽킹에서 문제 정의부터 해결까지 반복적인 접근법을 사용하는 이유이다. 다양하고 창의적인 기법을 통해 가능한 많은, 때로는 '거친' 아이디어를 발상하는 것이 목표이다. 창의적인 작업을 위해 양쪽 뇌를 모두 자극한다. 해결책을 향한 '여정'에서 궁극적으로 사람들의 니즈를 충족하는 솔루션에 도달할 수 있도록 반복하고, 비약적으로 상상하며, 아이디어를 조합하는 것이 바람직하다. 해결책으로 가는 과정에서, 특히 초기 단계에서는 오류를 가능한 한 폭넓게 허용하는 것이 좋다. 이 책에 제시된 기술과 전략은 목적을 위한 수단이다. 즉, 언제나 자신의 상황에 맞게 각 도구를 조정할 수 있다.

디자인 씽킹 마인드세트의 핵심적인 측면은 편견과 가정에서 벗어나는 것이다. 이것은 가능성의 세계에 열려 있음을 의미한다. '여정'의 시작 단계에서 우리는 아직 무엇이 가능하고 무엇이 불가능한지 모르기 때문이다.

디자인 씽킹에서 우리는 확실한 니즈가 있고 해결책을 찾는 가상의 캐릭터인 페르소나를 사용한다. 이 책에서도 페르소나를 사용하여, 가상의 인물이 문제를 해결하는 과정과 방법을 보여준다. 각각의 해결책은 개인적인 변화의 예시이다. 그것이 바로 우리 인생에 대한 샘플 솔루션이나 저자의 권장 사항은 아니다!

이 책에서 사용하는 디자인 씽킹 프로세스와 마인드세트에 대해서는 나중에 자세히 설명한다.

디자인 씽킹 마인드세트는 이런 의미이다:
• "일이 어떻게 돌아가는지"에 대한 편견을 버린다.
• 앞으로 일어날 일에 대한 기대를 접어 둔다.
• 사실과 문제를 깊이 이해하기 위해 호기심을 갖는다.
• 새로운 가능성을 열어 둔다.
• 간단한 질문을 한다.

디자인 씽킹에 대해 더 알고 싶다면 다음을 참조한다:
• 『디자인 씽킹 플레이북Design Thinking Playbook』 마이클 루릭, 패트릭 링크, 래리 라이퍼 지음
• 『디자인 씽킹 7 프로세스와 가장 혁신적인 워크 툴킷The Design Thinking Toolbox』 마이클 루릭, 패트릭 링크, 래리 라이퍼 지음, 이유종, 조은영 옮김

60분 워밍업 '백투더퓨처'

우선 성공적인 3부작 영화 '백투더퓨처Back to the Future'의 마티 맥플라이, 독 브라운과 함께 시간 여행을 떠난다는 상상을 해보자. 타이머는 미래에 맞춰져 있다. 정확히 10년 후 오늘.

시간적 목적지

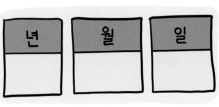

년	월	일

`10분`

1) 여행을 시작하라!

여행이 시작된다. 짧은 섬광과 함께 당신은 미래에 도착한다.
백투더퓨처에서 알 수 있듯 때로는 시공간 연속체에 균열이 생겨
미래의 다른 순간으로 이동할 수도 있다.

미래의 순간에서 눈에 보이는 장면을 스케치한다.

. . . .

. . . .

. . . .

. . . .

자신은 스케치를 못한다고 생각하는가?
아래의 이미지들을 이용하여 스케치하거나 직접 고안해도 좋다.

도형	사람	화살표	얼굴
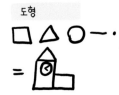			

2) 자신의 시공간 여행을 회고한다!

a) 자신의 미래 삶에 대한 비전의 핵심적인
   특징은 무엇인가?

`5분`

b) 주변에는 어떤 사람들이 있는가?
   그들은 지금 내 곁에 있는 사람들과 비슷한가? 아니면 다른가?

`5분`

3) 미래 신문의 헤드라인을 작성한다!

`10분`

자신의 인생 스토리의 제목과 처음 두 문장을 적는다.
상황을 설명할 필요는 없다. 뉴스의 내용에 집중한다.

4) 표현한다!

10분

자신의 친구, 가족, 지인 중 누군가에게 미래 여행에
관해 이야기한다.

미래 비전을 제3자에게 보여주고, 어떻게 생각하는지 묻는다.

5) 타임라인을 만든다!

10분

지금부터 10년 후의 비전으로 이어지는 4단계에 관해
생각하고 타임라인에 각 단계를 시각적으로 표현한다.

시작   이상적인 미래

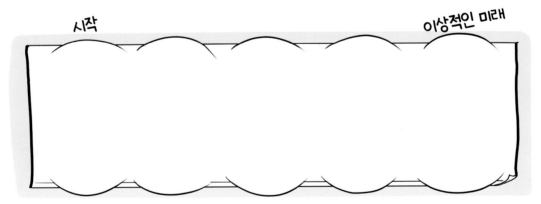

6) 프레임워크 조건

5분

변화가 필요한 세 가지 조건을 생각한다. 그래야
첫 번째 단계를 해결할 수 있다.

7) 지금 당장 15분을 투자한다!

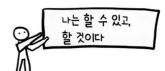

15분

지금 당장 변화를 일으킬 수 있는 행동을 한다. 해야 할 일
목록을 작성하거나, 자신이 하고 싶은 일에 관해 자세히
알아보면서 미래가 어떤 모습일지 상상한다.

이런 행동은 우리 자신을 앞으로 나아가게 돕는다. 물론 어떤 행동은 우리를
막다른 곳에 이르게 할 수도 있다. 하지만 모든 변화는 긍정적인 영향을
미친다. 이미 포기한 라이프 플랜으로부터 배우고, 미래를 디자인하라!

Part I

라이프 디자인 씽킹 마인드세트를 적용하라

60분 워밍업 '백투더퓨처'에서 우리는 이미 가능한 미래를 상상했다. 그러나 '라이프 디자인 씽킹'은 그 이상에 관한 것이다. 우리는 스트레스를 덜 받으면서, 웰빙과 함께 더 큰 만족을 원한다. 그런 것을 원하지 않는 사람이 어디 있겠는가? 사람들은 직장에서, 인간관계에서 또는 개인적인 상황에서 다양한 불만을 갖고 있다. 그런 상황을 바꾸고자 스스로 행동할 만한 충분한 이유가 있는가? 지금이 아니면 언제 하겠는가? '라이프 디자인 씽킹' 마인드세트는 우리의 미래를 '의식적으로' 디자인하도록 돕는다.

어떤 마인드세트가 변화를 시작하는데 도움이 되는가?

디자인 씽킹 마인드세트는 긍정적인 변화와 변혁을 능동적으로 주도한다. 바로 지금이 이러한 마인드세트를 인생 디자인에 적용할 적기이다!

삶을 변화시키기 위해서는 약간의 용기, 자신을 성찰하는 능력, 자신을 비판하려는 의지 그리고 마지막으로 변화에 대한 개인적인 비전이 필요하다. '라이프 디자인 씽킹' 마인드세트는 자신의 삶을 발전시키고 향상시키는데 도움이 되는 기법을 제공한다. 이런 기법에는 자신의 니즈 탐색, 새로운 아이디어 검색 그리고 반복적인 단계에서 변화를 시작하기 전에 새로운 것을 시도하려는 의지가 포함된다.

라이프 디자인 씽킹

마인드세트

디자인 씽킹 마인드세트는 호기심, 개방성, 협업 및 실용적으로 시도해보려는 노력이 포함된다.

라이프 디자인 씽킹 마인드세트

여행 중임을 받아들인다.

결과물보다는 자신의 여정에서 어떻게 느끼는지가 더 중요하다.

다른 사람의 도움을 받는다.

자기 계발은 새로운 아이디어 및 다른 사람의 통찰과 피드백이 자신이 원하는 방식으로 삶을 변화시키는데 도움이 되는 협력 과정이다.

호기심을 갖는다.

호기심은 뇌가 새로운 것을 배울 수 있게 만든다.

새로운 것을 시도한다.

실험은 자신의 가정과 비전을 테스트하는데 도움이 된다.

다양한 각도에서 문제를 바라본다.

새로운 시각은 새로운 해결책을 위한 공간을 제공한다.

'라이프 디자인 씽킹'에서는 이해하기, 관찰하기, 관점 정의하기,
아이디어 발상하기, 프로토타입 만들기, 테스트하기 단계를 거친다.

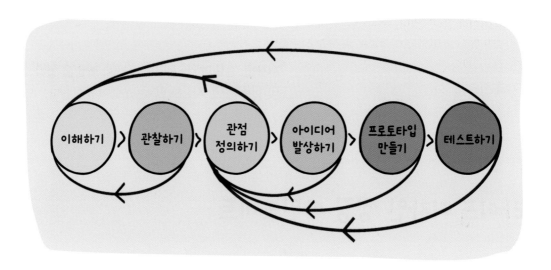

우리는 자신이 어느 단계에 있는지 항상 알 수 있도록 이 프로세스를
계속해서 가이드로 사용한다.

처음에는 원하는 변화의 경로를 알 수 없다. 변화는 많고 작은
반복적인 단계로 이루어진다.

디자인 씽킹의 기본적인 접근 방식은 사람들의 니즈와 가치를
중심으로 고려하는 것이다. 우리는 과제(해결 과제)를 완수해야 하고,
우리를 행복하게 만드는 경험을 해야 하며(이득), 좌절의 상황에서
살아남아야 한다(고충). 인간에 대한 초점이 핵심 요소이며, 이것이
바로 디자인 씽킹을 인간 중심 디자인이라고 부르는 이유이다. 그래서
우리는 사람들의 니즈에 대한 깊은 통찰을 얻으려고 노력한다.
'라이프 디자인 씽킹'은 우리 자신에 대한 깊은 통찰을 의미한다.
통찰은 주로 자신에 대한 성찰과 사회적 환경에서 오는 타인의 인식을
통해 이루어진다.

이미 변화에 대한 동기가 존재하는 상황에서 '라이프 디자인 씽킹'
이라는 주제를 다루고 있기 때문에 지금이 문제를 해결하는 최적의
시기이다. 다시 말해, 자신의 삶을 더 만족스럽게 설계하고 더 나은
미래를 상상해 볼 수 있다. 우리가 인식하고 있는 문제들을 이전과는
다른 측면에서 조명하고 이전과는 다른 방식으로 대응하고자 한다.
그러기 위해서는 적극적으로 사고하고 행동하며 기회를 잡을 수 있는
용기를 가져야 한다.

디자인 씽킹은 복잡한 문제를 창의적인 방법으로
쉽게 해결한다는 목표를 가지고 있다. 우리 삶보다
더 복잡한 문제가 어디 있겠는가?

인생을 회고하는 첫 번째 과정은 주제를 모으는 것이다. 평가해서는 안 된다.

1) 어떤 주제를 변화시키고 싶은가? (예: 여가, 관계, 커리어)

스스로에게 질문한다: 나는 누구인가? 나는 무엇을 좋아하는가? 잘 되는 것은 무엇이고, 잘 되지 않는 것은 무엇인가? 내 상황을 변화시키기 위해 과거에 어떤 시도를 했는가? 어떤 요소가 상황 개선에 도움이 되었는가?

자신이 갖고 있는 기술과 재능 즉, 남과 구별되는 능력을 기록한다.
어쩌면 자신이 남의 말을 경청하거나, 숫자 작업을 즐기는 사람일 수
있다.

예를 들어, 최고의 운동선수는 특정 분야에서 탁월한 성과를 보인다. 포환던지기 선수는 무거운 철구를 최대한 멀리 던질 수 있는 능력과 힘을 갖고 있다. 그의 '역량 영역'은 무거운 물건을 던지는 것이다. 따라서 마라톤에서 우승할 확률은 낮다.

'라이프 디자인 씽킹'을 커리어, 건강 또는 관계 등 어디에 적용하든, 자신이 잘할 수 있는 것과 자신의 타고난 재능과 소질이 어디에 있는지를 아는 것은 가치가 있다.

두 번째 회고에서, 자신이 특히 잘하는 것을 적는다.

2) 특히 잘할 수 있는 것은 무엇인가? 어디에 재능이 있는가? 무엇을 즐기는가?

비록 삶을 통제할 수는 없지만, 자신을 바라보는 방식에는 영향을 미칠 수 있다.

최고의 운동 선수는 '라이프 디자인 씽킹'에 매우 가치 있는 다양한
아이디어를 활용한다. 자기 성찰 외에도, 내면의 눈으로 자신의 운동
능력을 시각화 한다. 따라서 내면의 눈으로 그 과정과 목표를 시각화
하거나 스케치하는 것이 좋다.

"상상할 수 있는 모든 것은 현실이 된다."

- 파블로 피카소

시각화는 변화에 대한 자신의 소망을 실현하는데 도움이 된다.
스탠퍼드대학교에서 이 문구가 만들어졌다:

"당신이 예측하는 것이 당신이 얻게 되는 것이다."

프로 스포츠에서처럼 누구나 우승 시상대의 가장 높은 곳에 있는
자신을 만날 수 있다.

"라이프 디자인 씽킹의 결과는 자신의 미래 목표가 무엇이고, 목표 달성에 도움이 되는 것은 무엇인지에 관한 아이디어를 만드는 것이다."

이 시점에서, 자신이 최종적으로 달성한 결과에 만족할 수 있는 약간의 팁을 제공하려고 한다. 누구든 그런 느낌을 가질 때가 있다. 무언가를 성취하고자 하는 확고한 열망이 있었지만, 한 끗 차이로 목표를 이루지 못해 만족하지 못한 경험 말이다. 간단한 게임이나 스포츠 경기에서 2등에 그치거나, 팀장 승진에 아슬아슬하게 탈락했을 때와 같은 경우도 그렇다. 일반적으로 우리는 자신을 너무 높은 위치에 맞추고 비교하는 경향이 있다. 물론 이런 경향이 우리가 더 나아지도록 동기를 부여하기도 한다. 하지만 자신의 현재 능력에는 한계가 있고, 가능한 범위에서만 영향을 미치기 때문에 종종 좌절감을 느낀다.

동기 부여 방식을 바꾸는 전략 중 하나는 이전 성취에 초점을 맞추고, 자신보다 덜 성취한 사람들과 비교하는 것이다. 스포츠 경기를 예로 들면 2위라는 자리는 그 시즌 최고의 결과일 수 있다. 커리어 변화에 대한 열망도 비슷하다. 예를 들어, 자신이 다른 내부 및 외부 지원자들과 경쟁하여 목표에 매우 근접했지만 아주 아쉽게 승진에 누락했을 수 있다. 이러한 태도를 가지면 기분이 훨씬 좋아진다. 이러한 마인드세트는 성적이나 승진 또는 자신이 원하는 커리어 목표를 세우고 달성하는 데 큰 도움이 된다.

'라이프 디자인 씽킹'에 관한 간략한 소개와 인생에 대한 회고 단계
이후, 페르소나에 관해 알아보고 이를 토대로 우리의 미래를
디자인하고자 한다. 각각의 연습을 시작할 때 수, 존 그리고 스티브는
우리가 추가적인 도움 없이도 적절한 도구를 사용할 수 있도록 도전
과제, 아이디어 및 해결책에 관해 알려줄 것이다.

수(Sue)는 누구인가?

수, 35세

- 마케팅 매니저
- 글로벌 기업 경력
- 자녀 없는 싱글
- 루마니아에서 태어나,
  스위스에서 자람

이득:

- 홍콩에서 주재원 생활
- 재정적 독립

고충:

- 유럽에 있는 가족들과 함께 살고자 하는 열망
- 사람들 앞에서 공개적으로 말하는 것에 대한 두려움

해결 과제:

- 우선순위를
  바꿔 인생의
  새로운 장을 연다

겉으로 보기에, 수잔나(또는 그녀가 자신을 다정하게 부르는 수)는 완벽한
삶을 살고 있다. 홍콩에 있는 은행에서 아주 좋은 직업을 갖고 있고,
해외 파견 계약 덕분에 만족스러운 연봉으로 홍콩에서의 삶을 충분히
즐기고 있다. 그럼에도 불구하고 그녀는 자신의 삶 전체가
만족스럽지는 않다. 이것이 라이프 디자인 씽킹 도구를 통해 자신의
삶을 바꾸고자 하는 이유이다.

수는 평범한 환경에서 자랐다. 부모님은 대학은 고사하고
고등학교조차 다닐 기회가 없었다. 수는 큰 포부와 강한 의지로 가족
중 최초로 대학을 졸업했다. 거의 30년 전, 수의 부모님은
루마니아에서 스위스로 이사와, 케이터링 사업에서 단기 계약직으로
일했다. 물론 가족 모두는 기본적인 독일어를 할 수 있었으나,
스위스의 문화와 생활 방식은 그들이 지냈던 작은 마을과 사뭇
달랐다.

수는 야심가이다. 학창 시절 그녀는 성실한 학생이었고, 반에서
최우수 학생으로 고등학교를 졸업했다. 부모님은 오랜 논의 끝에 딸이
대학에 진학할 수 있도록 허락했다. 수없이 많은 아르바이트를 하며
스스로 학비를 마련해야 했지만, 수는 대학교 역시 우수한 성적으로
졸업했다. 하지만 졸업 후 수가 직장 생활을 시작하는 것은 쉬운 일이
아니었다. 여러 곳에 이력서를 냈지만, 번번이 낙방했다.

결국 한 회사의 인턴십을 마칠 즈음, 출산 휴가를 간 직원을 대체하는
임시직을 수락하는 기회가 생겼다. 수는 이 기회를 놓치지 않았다.
회사에서 탄탄한 네트워크를 구축하고, 뛰어난 업무 능력으로
상사에게 인정받으면서 마케팅 부서 정규직을 제안 받았다. 직장에서
몇 년을 근무하면서, 수많은 내부 교육 프로그램을 수료한 수에게 큰
기회가 찾아왔다. 홍콩 지사 관리직 제안을 받은 것이다.

이는 그녀의 커리어에 있어서 큰 도약이었다. 결국 수는 홍콩에서
도전적인 5년을 경험하는 특권을 누렸다. 하지만 자신이 유럽과
가족을 그리워하고 있다는 사실을 깨달았다. 게다가 수는 아직
싱글이다. 그녀의 개방적이고 솔직한 성격 덕분에 많은 남자를
만났지만, 장기적인 관계에 있어서는 큰 진전이 없었다. 이제 35세가
된 그녀는 자신의 인생을 조금 바꾸고 싶다는 생각이 들었다. 자기
성찰self-reflection을 통해 자신이 인생 어디쯤에 있는지 파악하려
한다.

자기 성찰 - 수는 인생에서 어디에 있는가?

	😠	🙁	🙂	😍	😃
관계	✖				
여가					✖
일			✖		
건강				✖	

자기 성찰을 통해 인생 파트너와의 관계에 대한 열망, 직업적 변화에
대한 목표, 유럽에서 다시 살고 싶다는 생각이 우선 순위에 있다는
사실을 더 명확하게 알게 되었다.

이제 커리어, 여가 또는 우리의 삶의 방식과 같이 각자가 더
발전시키고 싶은 점을 찾고 정의할 때이다. 가능성은 다양하다.
30페이지 인생 회고에서 자신이 집중하고 싶은 주제를 정리했다.
이제 변화에 대한 열망이 가장 강한 분야를 확인하기 위해 그것들을
평가하고 서로 연관 짓는 작업을 할 것이다.

가능한 분야는 관계, 여가, 일 그리고 건강일 수 있다. 직업적인 삶과
커리어 플래닝 측면에서의 변화에 대한 열망이 더 크다면
184페이지에 나온 전략과 기술을 참조하면 좋다.

우선은 현재 자신이 어디에 있는지를 검토하는 것으로 여정을
시작한다.

자기 성찰: 나는 인생에서 어디에 있는가?

라이프 플래닝과 관련된 추가 범주 또는 하위 범주를 정의할 수도 있다. 어쩌면 자신의 개인적인 바람과 인생 파트너의 바람이 서로 달라 서로의 관계가 위기를 겪는 경우도 있다. 그렇다면 파트너십이라는 주제에 더 초점을 맞추고 여가, 성sexuality, 가족 계획, 의사소통 또는 신의fidelity 등과 같은 구체적인 주제에 집중하는 것이 좋다.

앞서 수에 대해 알고 있는 내용에 따르면, 그녀는 분명히 관계와 관련된 문제를 다룰 것이다. 영원한 인생 파트너가 없다는 사실이 그녀에게 가장 큰 부담이다.

 적극적으로 바꾸고 싶은 구체적인 사항이 있는가?

필요하다면 아래와 같이 하위 범주를
만들어 서로의 관련성을 파악하거나,
다른 범주에 대한 매트릭스를 사용할 수 있다:

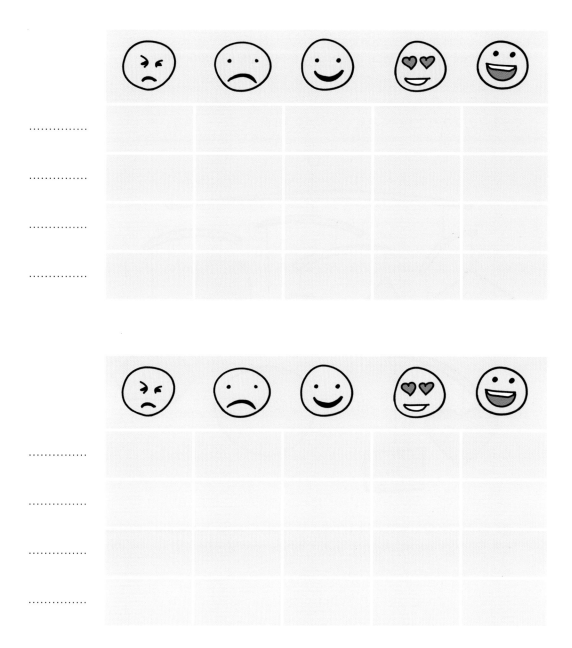

모든 것이 연결되는 방식

앞서 설명한 자기 성찰 단계에서부터, 삶에 있어서 우리가 바꾸고
싶은 테마와 주요 포인트를 도출할 수 있다. 예를 들면, 수는 관계와
커리어의 변화를 원한다. 사람들은 일반적으로 뭔가를 바꾸고 싶은
하위 영역이 한두 개씩 있다. 하지만 이런 영역은 모두 연결되어 있다.
모빌을 상상해보자. 모든 것이 서로 영향을 주며 시스템 안에
존재한다. 직장에서의 불만은 스트레스나 두통과 같은 신체적
질환으로 이어지고 불면증으로 발전하기도 한다.

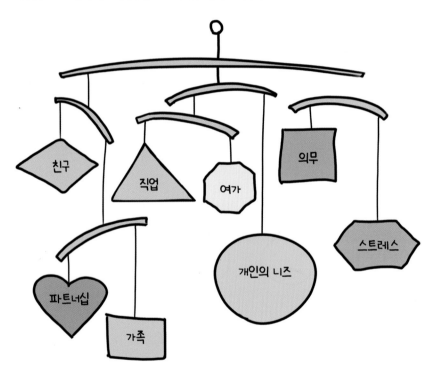

중요한 것은 현재의 삶에서 작은 것부터 먼저 바꾸면서 더 큰 변화를
위한 에너지를 확보하는 것이다. 종종 작은 변화가 큰 변화를
촉발하거나, 변화의 방향을 가리키는 신호가 된다.

자신이 원하는 것을 어떻게 알 수 있는가?

디자인 씽킹에서 사용되는 공감 지도와 심층 인터뷰를 통해 사람에 대해
더 많이 배울 수 있다. '라이프 디자인 씽킹'에서는 한 걸음 더 나아가
자기 관찰을 통해 자신을 향한 마음챙김과 새로운 통찰을 이끌어내는
능력을 개발한다. 목표는 종합적인 관점(메타 레벨)을 갖는 것이다.
인생에서 자신이 즐기는 것은 무엇인지, 어떤 상황과 경험이 자신을
불행하게 만드는지 알아야 한다. 이러한 유형의 회고는 시스템의 균형을
깨뜨릴 수 있는 방해 요인과 불리한 동력을 확인하는데 도움이 된다.

이러한 이유로 초기에 정의한 디자인 씽킹 프로세스에 수용과 자기
성찰의 두 단계를 더해 8단계로 확장한다. 이를 통해 '라이프 디자인
씽킹' 사이클에서 자신이 정확히 어디에 있는지에 관한 정보를 수집할 수
있다. 이 책에서는 8단계를 색상 막대로 통합하여, 자신이 현재
프로세스에서 어디에 있는지를 늘 알 수 있도록 했다.

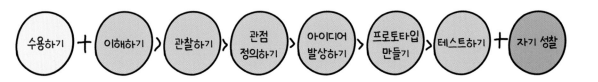

이 책의 시작 부분에서 우리는 인생을 되돌아보는 자기 성찰의 시간을
가졌다.

**우리는 이런 질문을 했다: 인생에서 지금 내가 서 있는 곳은 어디인가?
내가 좋아하는 것은 무엇인가? 무엇을 바꾸고 싶은가?**

자기 성찰은 지속적인 과정이므로 디자인 사이클의 마지막과 시작
단계에 모두 적용한다. 이를 통해 지속적인 발전이 가능하다.

성찰하기, 수용하기 그리고 이해하기

Reflect, accept, and Understand

첫 번째 연습은 자신에 관해 더 많이 아는 것을 목표로 한다. 어떤 문제를
해결할 수 있는지, 자신이 누구인지, 무엇을 하는지 그리고 어떤 경험을
쌓았는지 등을 파악한다. 이러한 질문을 통해 도출하는 결과는 개인마다
아주 다르다. 하지만 자기 자신과 자신의 삶을 이해하는 데 큰 도움이 된다.
이런 맥락에서 리프레이밍은 기존의 사고 패턴에서 벗어나는데 도움이 되는
중요한 도구이다.

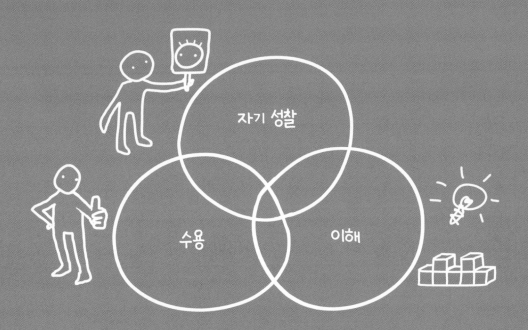

사실과 해결 가능한 문제의 차이점

라이프 디자인 씽킹 프로세스에 '수용하기' 단계를 포함하고,
이 단계부터 시작하는 이유는 쉽게 이해된다. 자신이 결코 바꿀 수 없는
환경과 사실이 존재하기 때문에, 이를 수용하거나 다른 관점에서
바라봐야 한다. 즉, 리프레이밍을 수행하는 것이다. 그래야 주관적인
문제를 다르게 인식할 수 있다.

세금을 내는 것에 짜증이 날 수도 있고, 건강보험료를 너무 많이 낸다고
생각하거나, 위자료를 주기 싫을 수 있다. 귀찮고 짜증나는 일이지만
이런 것들은 바꿀 수 없기 때문에 여기에 에너지를 소비할 필요는 없다.
해결 가능한 문제에 집중해야 한다.

**실질적으로 바꿀 수 없다면,
그것은 문제가 아니라 직면한
사실이다.**

이런 상황(해결할 수 없는 문제)을 더 나은 방식으로 다루기 위해 다음과 같이
스스로에게 질문한다:

**그게 나랑 무슨 상관인가? 세금을 많이 내야 하는 현실에 왜 나는 스트레스를
받고 있는가?**

결국 자신이 할 수 있는 것은 별로 없다는 사실을 깨닫게 된다. 세금은
일반적인 프레임워크의 일부일 뿐이다. 다른 행동이 필요하다.

지금까지 사실과 해결 가능한 문제를 구분하지 못했다면, 개인적으로
화가 난 일을 목록으로 만들어 분류해 보는 것이 좋다. 이렇게 하면
해결할 수 있는 문제와 사실을 분리해서 볼 수 있다.

무엇이 당신을 화나게 하는가?

	사실	해결가능한 문제

책임이란 우리 자신, 즉 우리 한 사람
한 사람이 문제의 원인이자 해결책이라는
사실을 받아들이는 것이다。

리프레이밍의 의미는 무엇인가?

'리프레이밍'은 무언가를 새로운 프레임 안에 놓고 보는 것이다.
우리는 항상 재해석한다. 핵심은 사건, 현상 또는 정보를 처음
떠오르는 것과 다른 맥락으로 바라보는 것이다. 예를 들어, 디자인
씽킹에서는 리프레이밍을 사용하여 문제를 자신의 기회 또는 시장의
기회로 재해석한다.

물잔의 예를 모두가 알 것이다. 물잔은 반이 차 있는가? 아니면 반이
비어 있는가? 둘 다 객관적으로 옳지만, 주관적으로는 반이나 채워진
물잔이 인생을 더 즐겁게 만든다. 반대로 반쯤 비어 있는 물잔은
우리의 잠재의식에 부정적으로 각인되고, 이로써 부정적인 생각이
강화된다.

낙천주의자는 밝은 면을 보고 긍정적으로 생각한다.
비관론자는 어두운 면을 보고 부정적으로 생각한다.
둘다 긍정적이든 부정적이든 자신의 사고방식에 따른
결과이다.

리프레이밍은 또한 바꿀 수 없는 사실을 현명하게 대처하는 데 도움이 된다. 세금 납부를 생각해 보자. 높은 세금 때문에 걱정할 수도 있지만, 세금을 많이 낸 덕분에 학교에서 좋은 교육을 받았고, 세금을 많이 낼 만큼 충분한 돈을 벌고 있으며, 사회 시스템을 높은 수준으로 유지하는데 기여하고 있다는 생각을 할 수도 있다.

> **"우리를 괴롭히는 것은 우리에게 생긴 일이 아니라, 그 일에 대한 우리의 판단이다."**
> - 에픽테토스

리프레이밍이 어떻게 더 많은 에너지를 주는지 회고하기에 앞서, 10개의 점 챌린지로 알려진 문제를 풀어 보자.

연필을 떼지 않고 다음 10개의 점을 4개의 직선으로 연결하라.

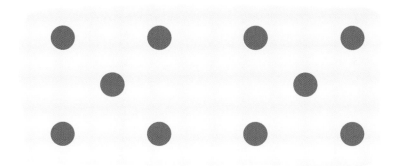

(정답은 다음 페이지에)

정답:

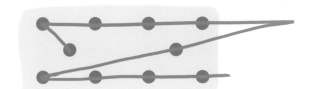

틀에서 벗어나서
문제를 해결하라!

리프레이밍 연습

자신을 불안하게 만드는 상황이 있는가? 예를 들어, 수Sue는 사람들 앞에서 연설하는 게 두렵다. 바꾸고 싶은 것과 바꿀 수 없는 사실 앞에서 비슷한 감정을 가진 적이 있는가? 위험을 기회로 바꾸는 것처럼, 자신에게 긍정적인 느낌을 줄 수 있는 것이 무엇인지 생각한다. 그렇게 하기 위해 이 리프레이밍 연습의 세 가지 질문을 적용한다.

상황:

.   .   .   .

.   .   .   .

.   .   .   .

I. 왜 이런 느낌이 드는가? 이 느낌은 어떤 작용을 하는가? 이 느낌을 어떻게 재해석할 수 있는가?

예를 들어, 수는 연설 전에 '무대 공포증'이 있다. 그래서 특히 더 많은 준비를 한다. 연설을 하는 동안 수의 맥박은 빨라진다. 그러다가 얼굴이 붉어지면, 이는 자신의 몸이 최고의 퍼포먼스를 발휘할 준비가 되었음을 의미한다.

.   .   .   .

.   .   .   .

2. 6개월 후에는 어떻게 생각하게 되는가?

수는 자신이 훌륭한 연설을 한 것이 꽤 자랑스럽다. 그녀는 이후로 두 번이나 같은 주제로 강의를 요청받았다.

.   .   .   .

.   .   .   .

3. 두려워했던 상황에서 무엇을 배울 수 있었는가?

예를 들어, 수는 연설을 할 때마다 더 큰 자신감을 갖게 된다는 것을 알았다.

자기효능감에 이르는 길

해결 가능한 문제에 대한 중요한 디자인 패러다임은 자기효능감이다.
이는 우연의 일치, 운 또는 다른 사람의 탓으로 돌리는 대신,
무언가를 바꿀 수 있다는 자신의 능력에 대한 믿음이다.

다음 몇 페이지의 연습은 자기효능감 강화를 목표로 한다. 자기 인식,
자기 대화, 자기 성찰 그리고 구체적인 행동으로 달성된다.

기존의 패턴 깨기

자기 대화를 시작하라

자신에 대해 더 많이 알 수 있는 또 다른 도구는 자기 대화self-dialogue
를 통해 내면의 여행을 하는 것이다. 자신과의 대화는 긴장을 풀고,
눈을 감고, 특히 행복했던 상황을 상상하는 것으로 시작한다. 예를
들어, 화산 꼭대기에 올라가 경이로운 전망을 봤던 독특한 여행이나
하이킹과 같은 상상을 할 수 있다. 아니면 자신을 행복하게 만든 작은
것들을 상상해도 좋다. 주말에 카페에서 카푸치노 한 잔을 즐기며
일요일 신문을 훑어보는 것과 같은 순간 말이다. 행복 호르몬이
분출되고 편안함을 느끼게 하는 모든 순간을 환영한다.

카페에서 햇살이 피부에 닿는 쾌적하고 따뜻한 감각을 느낀다. 편안함,
고요함, 새들의 지저귐과 봄 향기를 느낀다. 카푸치노 위에 뿌려진
초콜릿 가루는 커피의 쓴 맛에 달콤함을 더한다.

**감정을 유발하는 모든 상황은 뇌에 저장되어, 다시
빠르게 되살아난다.**

50

지금부터 첫 번째 자기 대화를 시작한다. 눈을 감고, 긴장을 풀고,
행복한 상황을 상상한다. 그런 다음 자신의 생각, 감정 그리고 신체적
감각에 빠져들었을 때의 느낌을 기록한다.

긍정적인 경험에 대한 기록

몸은 어떻게 반응했는가?
이런 생각이 어떤 반응을 일으켰는가?
이런 반응은 어디에서 느껴졌는가?

이제 불쾌한 상황에서도 동일한 사고 실험을 진행해 본다. 그런 다음 자신이 경험한 감정과 신체적 감각을 다시 기록한다.

이런 유형의 자기 성찰 연습이 불편할 수도 있지만, 긍정적인 감정을 탐색하는 것 외에도 자신만의 경고 시스템을 일깨우는 데 도움이 된다. 부정적인 감정을 유발하는 상황은 우리 삶의 일부분이다. 최선의 시나리오는 이러한 상황을 회고하고 타협하여 마침내 수용하는 것이다.

이전 연습과 마찬가지로, 이러한 생각(감정 또는 신체 감각)을 경험했을 때 어떤 느낌이 들었는지 기록한다.

부정적인 경험에 대한 기록

무엇을 느꼈는가?
몸은 어떻게 반응했는가?
이런 반응은 어디에서 느껴졌는가?

이전에 진행한 연습에서 이미 언급했듯이, 긍정적인 감정뿐만 아니라 개인적인 경고 시스템을 탐색할 수 있고, 마음과 감정적인 경험 기억에 대한 자기 유능감Self-competence을 향상시킨다.

감정적인 부분은 이미지와 감정을 통해 평가 신호를 보낸다. 이 신호는 우리 몸에서 의식적으로 감지된다. 이 반응은 무언가를 정리하고 이해하고 평가하는 능력보다 4~5배 빠르게 일어난다.

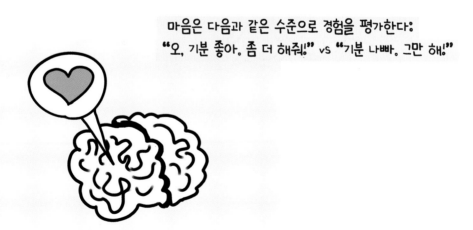

마음은 다음과 같은 수준으로 경험을 평가한다:
"오, 기분 좋아. 좀 더 해줘!" vs "기분 나빠. 그만 해!"

경고 시스템에 대한 심층 지식이 중요한 이유

개인 경고 시스템은 어려운 상황에서 긍정적인 연관성을 불러일으키고, 모든 감각을 활용하여 기분을 좋게 만드는데 도움이 된다. 또한 이 연습은 우리 자신을 더 많이 아는데 도움이 되는 다음의 개념을 준비하는 좋은 방법이다.

운동선수들이 "나는 완전히 몰입했어I was in the flow"라고 말하는 것을 들어본 적이 있을 것이다. 그들에게는 최고의 마음챙김과 집중력으로 무언가에 몰입하는 것이 가장 기본적인 요소이다. 미하이 칙센트미하이Mihaly Csikszentmihalyi는 '플로우flow'를 완전한 몰입 상태로 설명한다. 즉, 시간이 빠르게 흘러가게 만드는 활동에 대한 긍정적인 도취감을 의미한다.

시간은 빠르다

도전과 우리의 능력 사이에서 이상적인 균형을 찾는 활동에 완전히 몰입하는 이 상태는 일을 하거나, 운동을 하거나, 음악을 만들거나, 명상을 하거나 또는 책을 쓰는 등의 활동에서 나타난다. 몰입 활동은 일반적으로 우리가 '현재에 존재'하기 때문에 많은 양의 긍정적인 에너지를 얻게 한다.

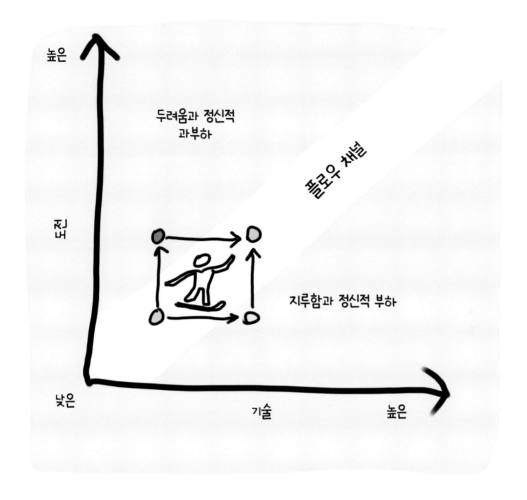

자신의 밸런스를 가장 잘 알아볼 수 있는 방법은 1~2주 동안 에너지
저널을 쓰는 것이다. 2주간의 저널은 첫째 주 이후의 사건과 활동을
회고할 수 있는 기회를 제공하므로 가치가 크다. 이를 통해 둘째 주에
작은 변화를 시도하고 그것을 실험하여, 자신이 시작한 변화가
자신의 삶에 어떤 차이를 만드는지 확인할 수 있다.

에너지 저널 작성하기
Keep an energy Journal

사람들은 단 몇 시간 안에 자신의 삶을 다시 디자인하기를 원한다.
그러나 충분한 시간을 들여 변화에 대한 자신의 욕구를 근본적으로 파악하는
것이 더 큰 의미가 있다. 앞으로 1~2주 동안 에너지 저널을 작성해 보기를
권장한다. 일상적인 활동을 저널에 기록하고, 몸의 반응을 알아차리며, 그로부터
파생된 초기 변화를 계획하고 만들기 시작한다.

에너지 저널

에너지 저널은 자신을 관찰하고, 자신이 좋아하는 것은 무엇인지, 어떤 상황이나 활동이 자신의 힘을 약화하거나 힘을 주는지 파악하는 데 도움이 된다.

다음 페이지에는 이 책을 통해 앞으로 몇 주 동안 자신의 마음 상태를 기록할 수 있게 한다. 에너지 수준을 시각화하고(예: 0%에서 100%까지), 활동/상황을 기록하고(예: 직장에서 팀 미팅), 감정 신호를 문서화하며(예: 가슴 부분의 압박감), 내가 느낀 감정(예: 두려움/좌절) 및 몸의 반응(예: 복통)을 설명한다.

여기에서 중요한 것은 지속적인 회고이다. 즉, "어떻게 하면 내 에너지 수준을 2%에서 3%까지 높일 수 있을까?"라는 질문이다. 이를 도와줄 수 있는 것은 작은 일인 경우가 많다. 예를 들어, 점심 시간에 야외에서 산책을 하거나, 좋아하는 노래를 따라 부르는 것 등이다. 쉼과 휴식은 에너지 충전에 도움이 된다는 사실을 알아야 한다.

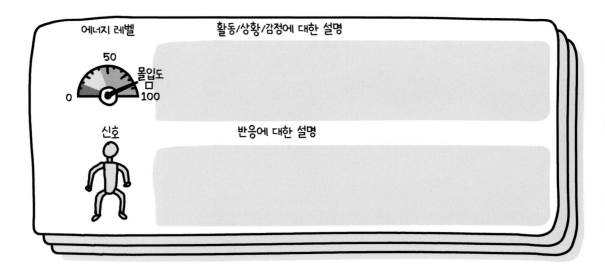

에너지 저널 작업을 더 잘 이해하기 위해, 가상의 인물인 존에 대해
자세히 살펴보자.

존(John)은 누구인가?

존, 60세
- 조기 퇴직
- 기혼
- 자녀들은 독립함
- 테네시 주 멤피스에 거주

이득:
- 취미생활을 위한 충분한
  시간

고충:
- 아내와 보내는
  비정상적으로 많은 시간
- 처가 식구들의 큰 기대감

해결 과제:
- 새로운 인생을 최대한 활용하고, 은퇴를
  즐긴다.

존은 이제 막 인생의 새로운 국면을 맞이하고 있다. 지난 20년 동안
그는 미국에서 의료 실험실 기기를 판매하는 중견 기업의 영업 팀에서
일했다. 미국 전역을 다니는 잦은 출장 업무로 존은 집에 거의
없었다. 종종 금요일 밤 늦게까지 고객과 미팅을 하고 집에 돌아왔다.
월요일 이른 아침에 고객과의 미팅으로 인해 근무 시간은 보통
일요일부터 시작되었다. 따라서 취미, 아내, 가족 그리고 자녀에게
소홀했다. 지난 20년 동안 존은 집에 더 자주 그리고 더 오랜 시간
머물 수 있기를 바랐다. 그리고 지금은 몇 달 동안 차고에 주차된 채
방치되어 있는 오토바이를 더 자주 타는 꿈을 꾼다.

회사가 60세에 조기 퇴직을 제안했을 때 존은 주저하지 않고
수락했다.

이제 퇴직한 존은 새로운 도전에 직면해 있다. 때로는 이 새로운 자유로움에 압도당하기도 하고, 늘 아내와 함께 있는 것이 익숙하지 않으며, 주중에 하는 많은 일이 만족스럽지 않다. 좀 더 구체적으로 말하면, 과거에는 늘 피할 수 있었던 일을 지금은 해야만 한다. 지금까지 영업 사원으로서 해왔던 수많은 출장은 완벽한 변명이었다.

이제 처가를 방문하고 싶지 않아도 타당한 이유를 찾기가 힘들다. 존은 약속도 의무도 없다. 예전에는 출장을 핑계로 아내와 아이들만 처가에 보냈다. 이런 상황으로 존은 초조하다. 게다가 너무 집에만 있는 탓에 아내와의 갈등도 커졌다. 말다툼도 잦아졌고, 사랑이 없는 지루한 관계로 느껴졌다. 때로는 둘 다 몇 시간 동안 한 마디도 하지 않는다.

존은 '라이프 디자인 씽킹'으로 아내와의 관계를 개선하고, 삶을 풍요롭게 만들고 싶어한다. 지난 이틀 동안 존은 자신의 에너지 저널에 기록을 남겼다.

존의 에너지 저널 기록

요일: 일요일

에너지 레벨
50
몰입도
0   100

활동/상황/감정에 대한 설명
- 할리 데이비슨 클럽의 사람들과 함께 오토바이 여행을 함.
- 아름다운 나체스 트레이스 파크웨이를 거쳐 내슈빌로 이동한 후, 잭슨의 유서 깊은 케이시 존스 빌리지에서 점심 식사

신호
저녁에 약간 의 요통
기쁨
자유
젊어진 느낌

반응에 대한 설명
- 커브가 많은 나체스 트레이스 파크웨이를 따라 운전하면서 나는 새처럼 자유로움을 느꼈다.
- 많은 사람들이 우리 오토바이에 감탄했다. 내가 막 닦은 할리가 햇빛에 빛났다.
- 집에 도착해서는 기분이 좋았지만 엉덩이가 조금 아프고, 허리 아래쪽에 약간의 통증이 있었다.

요일: 월요일

에너지 레벨

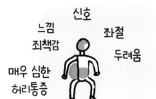

50 몰입도
0   100

활동/상황/감정에 대한 설명
- 뉴 앨바니의 처가 방문
- 아이들이 아직 취직을 못했고, 집에 담보 대출이 있어 너무 일찍 퇴직했다는 가족의 비난을 받았다.
- 지금 내게 중요한 것은 오토바이를 타는 것뿐이다.

느낌
신호
죄책감   좌절
두려움
매우 심한
허리통증

반응에 대한 설명
- 범죄자가 된 기분이었다. 일요일 내내 할리 클럽 사람들과 시간을 보낸 것에 죄책감이 들었다.
- 궁극적으로, 기분이 좋지 않았다. 논쟁하는 동안 내가 얼마나 긴장했는지 느껴졌다. 허리 통증이 더 심해졌다.

존은 앞으로 2주 동안 계속해서 에너지 저널을 기록할 것이다. 앞으로 며칠 동안 그는 이전 직장 동료들을 만나고, 그가 가입하고 싶은 지역 블루스와 소울 합창단에 지원할 계획이다. 또한 커피를 마시며 1950~60년대 음악을 듣는 아침 의식이 에너지를 주는 휴식이라는 사실을 알아차렸다.

활동 및 상황 회고

에너지 저널에 작성한 내용을 분석하는 아주 유용하고 간단한 도구는
활동/에너지 차트의 결과를 시각화하는 것이다. 우리가 달성하고자
하는 목표를 더 쉽게 확인하고 이해할 수 있도록 노트를 작성하기
전에 이를 소개하고자 한다. 접근 방식은 다음과 같다. 일주일이 지난
후에 그동안의 활동을 타임라인에 정리하고 평가한다. 이는 저널에
기록한 에너지 레벨을 기반으로 한다.

존의 예시에서 그는 처가를 방문하는 데 많은 에너지(빨간색 막대)를
소비했으며, 오토바이를 타고 곡선 도로를 부드럽게 질주하며
파노라마 뷰를 즐길 때 몰입 상태(녹색 막대)를 경험했다.

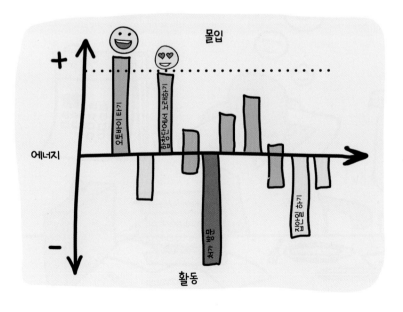

뇌는 몸이 소비하는 에너지의 약 25%를 사용한다. 따라서 이 에너지를 긍정적인 활동에 사용하거나, 활동을 긍정적으로 인식하도록 조정하는 것이 중요하다. 연례적인 세금 신고나 집안일처럼 즐기기 힘든 활동은 제3자에게 위임할 수도 있다.

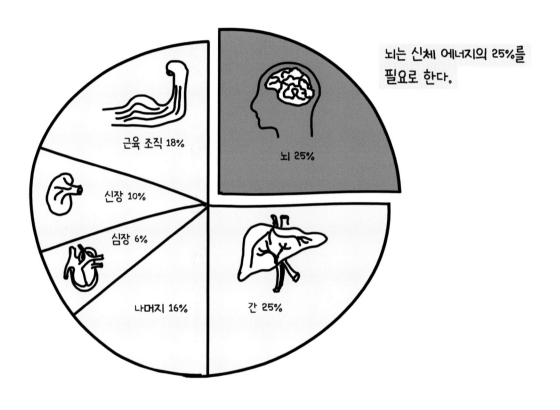

뇌는 신체 에너지의 25%를 필요로 한다.

근육 조직 18%

뇌 25%

신장 10%

심장 6%

나머지 16%

간 25%

에너지 저널을 시작하기 전에 다른 도구를 간단히 소개한다. 디자인 씽킹에서 관찰을 위해 사용되는 AEIOU 그리드는 우리가 바꿀 수 있는 요소와 상황을 확인하는데 탁월한 도구이다. 예를 들어, 일주일 동안 에너지 저널을 기록한 후 회고를 하는데 이 도구를 유용하게 활용할 수 있다.

AEIOU 도구

AEIOU는 활동Activities, 환경Environment, 상호작용Interaction, 사물 Objects, 사용자Users를 의미한다. 예를 들어, 우리가 편안하지 않다고 느끼는 경우, 장소를 바꾸거나 평소보다 더 짧게 머무르는 대안을 생각할 수 있다. 존의 경우 처가 식구들을 집에서 만나는 대신 이들과 함께 여행을 하는 것이다. 또는 가사 도우미를 가끔씩 고용하여 하기 싫은 집안일을 맡길 수도 있다. 또한 자신이 싫어하는 활동 앞뒤에 자신에게 즐거움을 주는 일을 배열하는 것도 방법이다. 예를 들어, 처가를 방문할 때 오토바이를 타고 가는 식으로 자신이 좋아하지 않는 활동을 조정할 수 있다(= 보상).

AEIOU 질문

Activities (활동)	• 어떤 활동이 즐거운가? • 당신의 역할은 무엇인가?
Environment (환경)	• 어떤 환경에서 편안함을 느끼는가? • 특정 장소에서 어떤 기분을 느끼는가?
Interaction (상호작용)	• 사람들과의 어떤 상호작용에 가치를 느끼는가? • 누구를 주로 상대하는가?
Objects (사물)	• 자신이 즐기는 것은 무엇인가? • 그 경험을 어떻게 정의하는가?
Users (사용자)	• 누구와 함께 하는 것이 좋은가? • 어떤 사람이 성공에 도움을 주는가?

시작하자!

만약 그것이 무엇인지 모른다면, 에너지 저널에서 찾아내고, 그것을 삶의 일부로 만든다.

앞으로 2주 동안 어떤 일이 벌어질까?

다음 페이지에는 앞으로 2주 동안 에너지 레벨을 기록하고 분석할 수 있는 충분한 공간을 제공한다.
일주일 후에는 첫 번째 플로우 차트를 작성하고, AEIOU를 활용하여 두 번째 주를 긍정적인 변화로 시작하기 위한 회고 활동을 하는 것이 좋다. 2주가 지나면 이전 주를 다시 분석하고, 필요한 경우 회고를 통해 활동을 조정할 수 있다.

일반적으로 웰빙에 긍정적인 영향을 미치는 상태에는 두 가지 유형이 있다. 하나는 기쁨, 황홀함 그리고 앞서 언급한 몰입이다. 둘째는 자신의 에너지 탱크를 보충하는 데 도움이 되는 휴식, 충분한 수면, 감사함, 평온함이다.

우리는 매일 즐겁고 가슴 뛰게 하는 활동이 필요하다.

개인 에너지 저널 - Part I

개인 에너지 저널 - 첫째 주

매일 어떤 활동과 상황을 경험했는지 회고하는 시간을 갖는 것이 가장 좋다.
대시보드에 에너지 레벨을 시각화하고, 신체 신호를 기록하며, 반응을 설명한다.
하루에 제공된 템플릿을 한두 개 또는 그 이상을 사용한다.

날짜: _ _ _ _ / _ _ / _ _

활동/상황/감정에 대한 설명

신호

반응에 대한 설명

날짜: _ _ _ _ / _ _ / _ _

활동/상황/감정에 대한 설명

신호

반응에 대한 설명

날짜: _ _ _ _ / _ _ / _ _

에너지 레벨
50
몰입도
0   100

활동/상황/감정에 대한 설명

신호

반응에 대한 설명

날짜: _ _ _ _ / _ _ / _ _

에너지 레벨
50
몰입도
0   100

활동/상황/감정에 대한 설명

신호

반응에 대한 설명

날짜: _ _ _ _ / _ _ / _ _

에너지 레벨
50
몰입도
0   100

활동/상황/감정에 대한 설명

신호

반응에 대한 설명

날짜: _ _ _ _ / _ _ / _ _

에너지 레벨

50

몰입도

0   100

활동/상황/감정에 대한 설명

신호

반응에 대한 설명

날짜: _ _ _ _ / _ _ / _ _

에너지 레벨

50

몰입도

0   100

활동/상황/감정에 대한 설명

신호

반응에 대한 설명

날짜: _ _ _ _ / _ _ / _ _

에너지 레벨

50

몰입도

0   100

활동/상황/감정에 대한 설명

신호

반응에 대한 설명

날짜: _ _ _ _ / _ _ / _ _

에너지 레벨

50

몰입도

0   100

활동/상황/감정에 대한 설명

신호

반응에 대한 설명

날짜: _ _ _ _ / _ _ / _ _

에너지 레벨

50

몰입도

0   100

활동/상황/감정에 대한 설명

신호

반응에 대한 설명

날짜: _ _ _ _ / _ _ / _ _

에너지 레벨

50

몰입도

0   100

활동/상황/감정에 대한 설명

신호

반응에 대한 설명

날짜: _ _ _ _ / _ _ / _ _

에너지 레벨

50

몰입도

0   100

활동/상황/감정에 대한 설명

신호

반응에 대한 설명

날짜: _ _ _ _ / _ _ / _ _

에너지 레벨

50

몰입도

0   100

활동/상황/감정에 대한 설명

신호

반응에 대한 설명

날짜: _ _ _ _ / _ _ / _ _

에너지 레벨

50

몰입도

0   100

활동/상황/감정에 대한 설명

신호

반응에 대한 설명

날짜: _ _ _ _ / _ _ / _ _

에너지 레벨   활동/상황/감정에 대한 설명

50   몰입도

0   100

신호   반응에 대한 설명

날짜: _ _ _ _ / _ _ / _ _

에너지 레벨   활동/상황/감정에 대한 설명

50   몰입도

0   100

신호   반응에 대한 설명

날짜: _ _ _ _ / _ _ / _ _

에너지 레벨   활동/상황/감정에 대한 설명

50   몰입도

0   100

신호   반응에 대한 설명

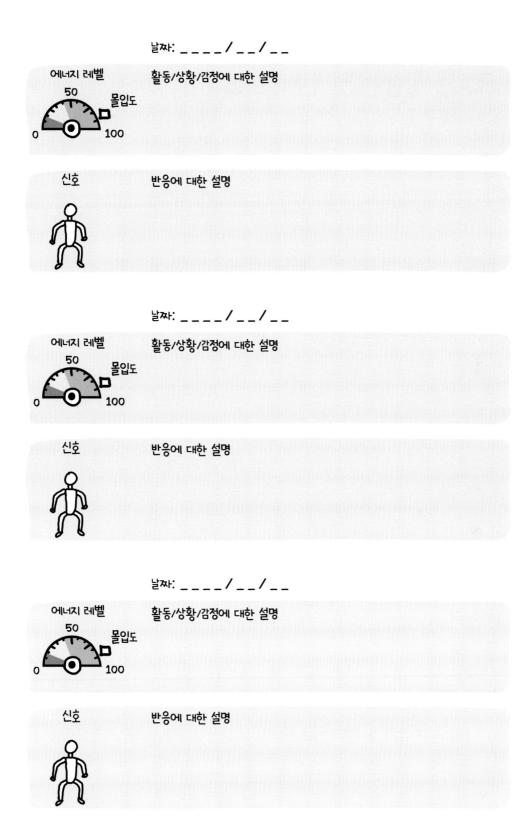

AEIOU를 활용한 첫 번째 회고

모든 것을 종합적으로 파악할 때 AEIOU 질문을 활용한다.

AEIOU 질문	
Activities (활동)	• 어떤 활동이 즐거운가? • 당신의 역할은 무엇인가?
Environment (환경)	• 어떤 환경에서 편안함을 느끼는가? • 특정 장소에서 어떤 기분을 느끼는가?
Interaction (상호작용)	• 사람들과의 어떤 상호작용에 가치를 느끼는가? • 누구를 주로 상대하는가?
Objects (사물)	• 자신이 즐기는 것은 무엇인가? • 그 경험을 어떻게 정의하는가?
Users (사용자)	• 누구와 함께 하는 것이 좋은가? • 어떤 사람이 성공에 도움을 주는가?

중간 결과 - 일주일이 지난 후 자신의 상황은 어떠한가?

지난 7일 동안의 기록에 따라 특정 일자, 특정 기간(예: 주말) 또는 전체 주에 대한 에너지 레벨을 평가할 수 있다. 다양한 크기의 차트를 삽입하여 에너지를 시각화하기 위한 충분한 공간을 확보한다. 에너지 레벨이 95% 이상인 활동은 몰입, 즉 시간을 잊고 집중하는 활동일 확률이 높다. 하지만 기쁨과 휴식의 짧은 순간도 많은 긍정적인 감정을 유발하고 에너지를 발산할 수 있다는 사실을 잊지 않는다.

가장 중요한 활동의 시각화 - 언제 가장 몰입했는가?

기간: _____

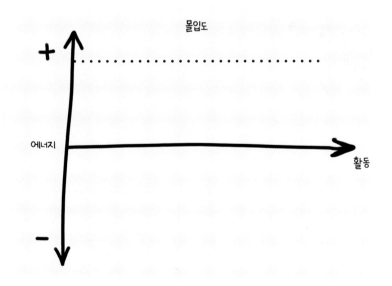

일주일 후 중간 결과

기간: _____

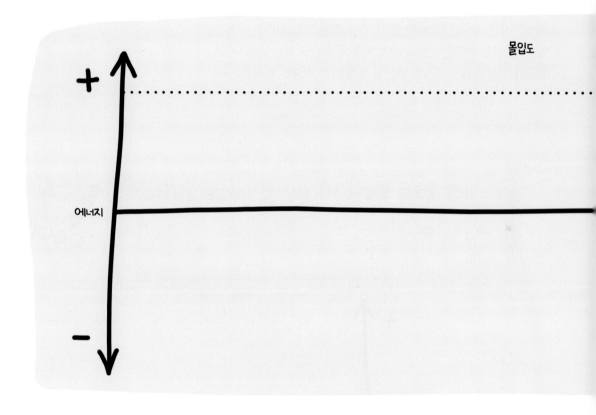

몰입도

+

에너지

−

활동

두 번째 주에는 어떤 부분에 초점을 맞춰야 하는가?

2주차에는 이전에 많은 에너지를 주었던 작은 활동들을 확장하고,
많은 에너지를 소모한 활동들을 재배치하여 첫 번째 변화를 시작한다.
많은 것이 단번에 바뀔 수는 없다. 하지만 그것들을 다른 시간이나
장소에서 일어나게 하거나(예: 집에서 처가 가족을 만나지 않는 것) 몰입
활동으로 자신에게 상응하는 보상(예: 활동 전후에 오토바이 타기)을
함으로써 변화를 시도할 수 있다.

즉시 바꿀 수 있는 것은 무엇인가?

에너지 저널의 조사 결과를 바탕으로 변화하고 싶은 부분을 기록한다.

개인 에너지 저널 - Part 2

개인 에너지 저널 - 두 번째 주

에너지 저널의 두 번째 부분에서는 에너지 레벨과 신체 신호를 포함하여 한 주간 경험했던 활동과 상황을 회고하는 시간을 매일 갖는다. 이렇게 하면 일상에서 무언가를 재조정할 때 변화된 웰빙에 대한 통찰을 얻을 수 있다.

날짜: _ _ _ _ / _ _ / _ _

에너지 레벨
50
몰입도
0   100

활동/상황/감정에 대한 설명

신호

반응에 대한 설명

날짜: _ _ _ _ / _ _ / _ _

에너지 레벨
50
몰입도
0   100

활동/상황/감정에 대한 설명

신호

반응에 대한 설명

날짜: _ _ _ _ / _ _ / _ _

에너지 레벨
50
몰입도
0   100

활동/상황/감정에 대한 설명

신호

반응에 대한 설명

날짜: _ _ _ _ / _ _ / _ _

에너지 레벨
50
몰입도
0   100

활동/상황/감정에 대한 설명

신호

반응에 대한 설명

날짜: _ _ _ _ / _ _ / _ _

에너지 레벨
50
몰입도
0   100

활동/상황/감정에 대한 설명

신호

반응에 대한 설명

날짜: _ _ _ _ / _ _ / _ _

에너지 레벨
50
몰입도
0   100

활동/상황/감정에 대한 설명

신호

반응에 대한 설명

날짜: _ _ _ _ / _ _ / _ _

에너지 레벨
50
몰입도
0   100

활동/상황/감정에 대한 설명

신호

반응에 대한 설명

날짜: _ _ _ _ / _ _ / _ _

에너지 레벨
50
몰입도
0   100

활동/상황/감정에 대한 설명

신호

반응에 대한 설명

날짜: _ _ _ _ / _ _ / _ _

에너지 레벨

50

몰입도

0   100

활동/상황/감정에 대한 설명

신호

반응에 대한 설명

날짜: _ _ _ _ / _ _ / _ _

에너지 레벨

50

몰입도

0   100

활동/상황/감정에 대한 설명

신호

반응에 대한 설명

날짜: _ _ _ _ / _ _ / _ _

에너지 레벨

50

몰입도

0   100

활동/상황/감정에 대한 설명

신호

반응에 대한 설명

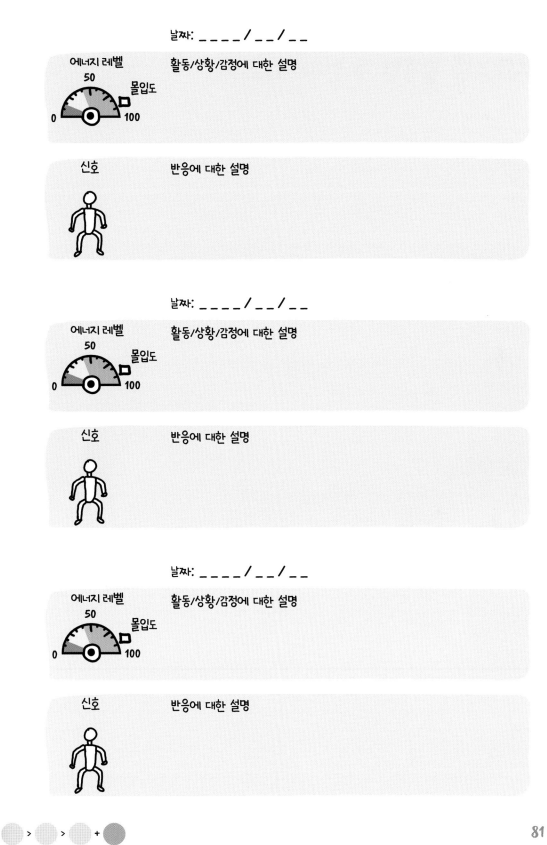

날짜: _ _ _ _ / _ _ / _ _

에너지 레벨
50
몰입도
0   100

활동/상황/감정에 대한 설명

신호

반응에 대한 설명

날짜: _ _ _ _ / _ _ / _ _

에너지 레벨
50
몰입도
0   100

활동/상황/감정에 대한 설명

신호

반응에 대한 설명

날짜: _ _ _ _ / _ _ / _ _

에너지 레벨
50
몰입도
0   100

활동/상황/감정에 대한 설명

신호

반응에 대한 설명

AEIOU를 활용한 두 번째 회고

Design
Thinking
Life

AEIOU 질문을 활용하여 상황을 더 자세히 파악하라.

AEIOU 질문	
Activities (활동)	• 어떤 활동이 즐거운가? • 당신의 역할은 무엇인가?
Environment (환경)	• 어떤 환경에서 편안함을 느끼는가? • 특정 장소에서 어떤 기분을 느끼는가?
Interaction (상호작용)	• 사람들과의 어떤 상호작용에 가치를 느끼는가? • 누구를 주로 상대하는가?
Objects (사물)	• 자신이 즐기는 것은 무엇인가? • 그 경험을 어떻게 정의하는가?
Users (사용자)	• 누구와 함께 하는 것이 좋은가? • 어떤 사람이 성공에 도움을 주는가?

중간 결과 - 두 주가 지난 후의 현재 상황은 어떠한가?

지난 일주일 동안의 기록에 기반하여, 특정 일자, 특정 기간(예: 주말) 또는 전체 주에 대한 에너지 레벨을 평가할 수 있다. 다시 말하지만, 다양한 크기의 차트를 삽입하여 시각화할 수 있는 충분한 공간을 확보했다. 에너지 수준이 95% 이상인 활동의 경우 몰입, 즉 시간을 잊고 완전히 집중하는 활동일 가능성이 높다.

가장 중요한 활동의 시각화 - 어떤 새로운 경험을 했는가?

기간: _____

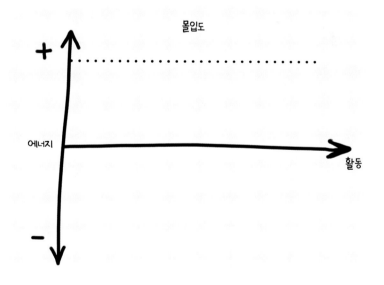

2주 후의 상태

기간: _____

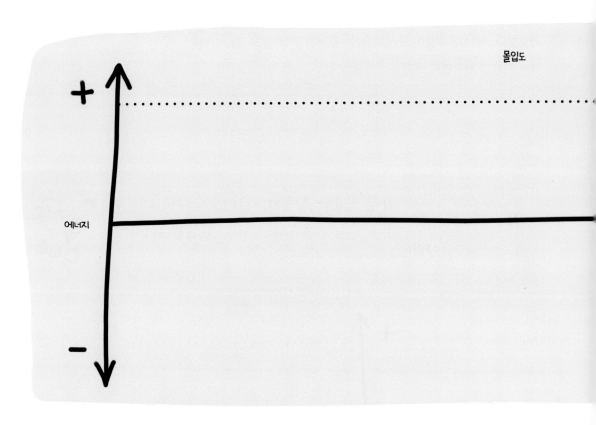

에너지 저널을 작성하는데 2주면 충분한가?

에너지 저널을 유지하는 기간은 자신이 위치한 인생의 단계에 따라 다를 수 있다. 자신의 삶이 너무 복잡하다고 느낀다면 더 긴 시간이 필요할 수 있으며, 지금은 주간으로 연습을 계속하고 그것을 매주 회고하는 것이 좋다.

활동

에너지 저널을 기반으로 한 인과관계 다이어그램

에너지 저널에서 개별적으로 발견한 결과를 더 깊이 조사하고 싶다면 인과관계 cause-effect 다이어그램이라고도 하는 이시카와Ishikawa 다이어그램을 사용하는 것이 좋다. 조사 효과는 긍정적일 수도, 부정적일 수도 있다. 예를 들어 존은 가족과 취미 측면에서 불면증과 허리 통증의 원인이 무엇인지 분만 아니라 어떤 활동이 몰입을 유발하는지 탐색하게 된다.

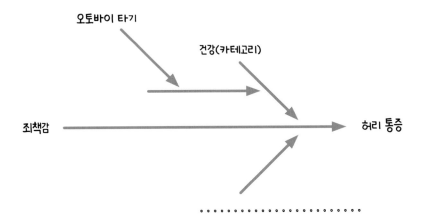

Design
Thinking
Life

타인의 관찰과
자기 인식의 통합

Integrating other people's observations and perceptions of us

자기 성찰과 에너지 저널을 통해 자신에 대해 더 많이 알게 되었다면, 다음
단계는 자신이 다른 사람들에게 어떤 인상을 주는지를 아는 것이다.
사람들은 늘 상대에 대한 특정한 이미지를 갖고 있다. 이를 바탕으로
사람들은 상대의 행동과 말을 인식하고, 상대에 대한 생각을 형성한다.
상대에 대한 인식은 자기 성찰의 중요한 부분으로 상대의 현실적인 가능성,
장점, 발전 가능한 영역에 대한 정보를 제공한다. 이런 방식으로 우리는
변화의 시작점과 그 동력에 관한 중요한 제안을 확보할 수 있다.

처음 몇 주가 지난 후, 우리는 라이프 디자인 씽킹 프로세스의 어느 지점에 있는가?

지금까지 주로 자신과 관련된 문제를 다루었다. 사실을 받아들이고, 자신에 관해 더 많이 알아보고, 일상 생활에서 우선순위를 바꿀 때 어떤 감정을 느끼는지 관찰하는 것이 중요하다는 사실을 알았다.

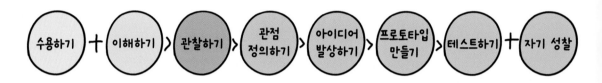

하지만 우리는 사회 시스템 안에 살고 있기 때문에 환경을 무시할 수 없다. 자신이 상대에게 어떤 인상을 주는지 더 잘 이해하기 위해서는 환경을 고려해야 한다.

이러한 이유로 이 섹션에서는 한 단계 더 나아가 우리에 대한 타인의 인식으로 우리의 셀프 이미지를 보완하려 한다.

상호작용과 의사소통은 인간의 기본 욕구로 우리 자신을 더 잘 이해할 수 있게 만든다. AEIOU 질문에서 우리는 이미 환경을 고려하기 시작했다.

자신을 강화하는 상호작용은 무엇인지, 누구와 함께 일하는 것이 좋은지 그리고 앞으로 나아갈 수 있도록 도움을 주는 사람은 누구인지 등에 관해 스스로에게 질문해보았다.

이러한 발견은 타인의 인식으로 자신의 셀프 이미지를 보완하는데 중요하다.

자신의 행동이 진정성을 갖고 있다는 인상을 상대에게 주는가?

셀프 이미지와 자신에 대한 타인의 인식에 대한 질문을 다루기 전에 잠시 스스로에게 이런 질문을 해보자. "자신의 행동이 사회적 환경에서 좋은 평판을 얻고자 하는 것인가, 아니면 어떤 목적 없이 진정성을 갖고 하는 것인가? 특히 트위터, 인스타그램, 페이스북과 같은 소셜 미디어에서 X, Y, Z세대 구성원들은 좋아요, 팔로어 수, 기타 순위 등을 통해 서로 경쟁하고 있다. 이러한 순위는 셀프 마케팅이나 제품 마케팅에는 유용하지만 다른 사람들과의 가치 있는 상호작용으로 볼 수는 없다. 우리는 종종 잘못된 시나리오를 갖고 자신을 배우로 변신시킨다. 위험한 것은 자신이 그런 역할에 실제로 만족하지 않음에도 불구하고, 자신이 닮아야 한다고 생각하는 것에 부합하려고 노력한다는 것이다. 이런 문제를 인식하는 가장 쉬운 방법은 파티, 휴가, 수영장 옆, 저녁 식사 중에 셀카를 찍는 다른 사람이나 그룹을 관찰하는 것이다. 페이스북의 이미지가 항상 도시에서 가장 멋진 파티, 가장 매력적인 친구들 또는 가장 아름다운 장소를 보여주는 것은 놀라운 일이 아니다.

자기 자신이 되어라.

다른 배역은 이미 누군가가 하고 있다.

불행하게도 이런 순간들은 대부분 연출된 경우가 많으며, 이런 류의 상호작용에는 깊이가 없다. 친구와의 진정한 상호작용, 함께 하는 저녁 식사, 수영장에서 파트너와 함께 보내는 편안한 시간 등이 더 중요하다는 사실을 인정해야 한다. 현재 일어나고 있는 상호작용에 집중하고, 소셜 미디어에서의 평판에 대한 강박적인 걱정에서 벗어나야 한다. 소셜 미디어의 좋아요 수는 자신이 누구인지, 또는 자신이 어떻게 느끼는지에 관해 어떤 말도 해주지 않는다.

자신에 대해 조금 더 깊이 파고들어가 자신을 더 많이 알기 위한 작업이 필요하다. 다음에 나오는 '라이프 디자인 씽킹' 회고에서 셀프 이미지와 자신에 대한 타인의 인식을 통합할 것이다. 위에 설명한대로, 자신에 대한 타인의 인식은 자신이 실제 어떤 사람인지에 대한 인식에 관한 것이다. 이는 자신의 꾸며진 삶에 대한 것이 아니다.

사물 자체는 변하지 않지만, 우리가 사물에 부여한 의미는 변하기도 한다.

셀프 이미지 vs 자신에 대한 타인의 인식

사람들은 대부분 자신에 대한 이미지, 즉 자신에 대해 주관적인 인식을
갖고 있다. 현실에서 자신이 다른 사람들에게 어떤 인상을 주고,
그들에게 어떤 감정을 일으키는지(공감) 물어본다는 것은 꽤 가치 있는
일이다. 이를 통해 자신에 대한 피드백을 얻을 수 있기 때문이다.

이를 위해 자신의 셀프 이미지를 묘사하고, 다른 사람들이 자신의
행동을 어떻게 인식하고 어떤 감정을 일으키는지 스스로에게 질문해
보자. 그런 다음 의도적으로 주변에 있는 사람들에게 자신에 대해
어떻게 생각하는지 직접 물어볼 수 있다.

친구, 동료 및 가족은 특정 상황에서 자신이 어떤 인상을 주었는지, 성격
측면에서 어떻게 인식되는지 그리고 어떤 행동이 그들에게 특정 감정을
느끼게 하는지 알려줄 수 있다.

"**현명한 사람은 모든 상황과 모든 사람으로부터
배우고, 평범한 사람은 자신의 경험에서 배우며,
어리석은 사람은 모든 것을 잘 안다고 생각한다.**"
- 소크라테스

이 기법은 자신이 바꾸고자 하는 특정한 상황에 사용하는 것이 가장
좋다. 수Sue의 경우 인생의 파트너를 찾거나, 직업을 바꾸거나,
홍콩에서 유럽으로 돌아가는 등과 같은 상황이 될 수 있다. 수는 다음
두 단계로 자신의 삶을 신중하게 숙고했다.
먼저 자신을 종합적으로 분석했다. 자신의 셀프 이미지와 타인의
인식을 종합적으로 고려하며 자신을 살펴보았다. 그리고 난 후에
관계의 문제를 다루었다(다음 페이지 예제 참조).

셀프 이미지 vs 자신에 대한 타인의 인식: 수

아래에는 수의 셀프 이미지와 그녀에 대한 친구들의 인식이 비교되어 있다. 수는 가장 중요한 차이점을 찾아 표시했다.

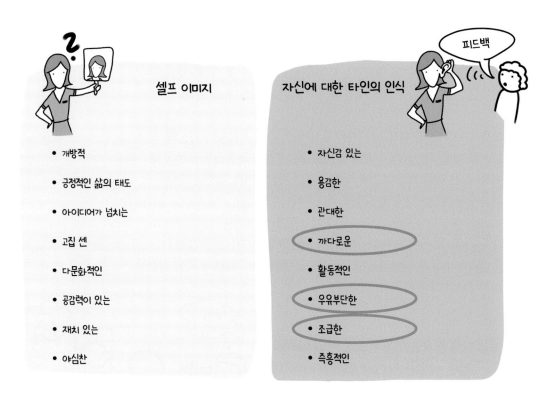

셀프 이미지

- 개방적
- 긍정적인 삶의 태도
- 아이디어가 넘치는
- 고집 센
- 다문화적인
- 공감력이 있는
- 재치 있는
- 야심찬

자신에 대한 타인의 인식

- 자신감 있는
- 용감한
- 관대한
- 까다로운
- 활동적인
- 우유부단한
- 조급한
- 즉흥적인

피드백

일반적으로 자신의 셀프 이미지를 만드는 데는 그리 많은 시간이 필요하지 않다. 대게 자신에 대해서는 명확한 의견을 갖고 있기 때문이다. 그러나 타인의 인식을 통한 통찰을 얻으려면 친구, 동료, 가족, 파트너 및 주변 사람들에게 거울을 들어 달라는 요청을 해야 하므로 시간이 좀 더 필요하다. 많은 경우 우리는 유레카의 순간을 경험하게 될 것이다(이 예시에서 강조 표시되었다). 이러한 발견은 상당히 가치가 있다. 삶의 영역에 따라 WH 질문을 사용하여 더 많은 정보를 얻어야 한다. 우리에게 피드백을 줄 수 있는 적절한 사람은 자신이 추구하는 변화(예: 업무, 여가, 파트너십, 건강)에 따라 다르다. 우리는 모두 삶의 다양한 영역에서 서로 다른 역할을 수행하고 있다.

WH 질문을 적용하라

WH 질문의 예: 언제when 내가 그런 행동을 했는가? 그럴 때 사람들은
어떻게How 느꼈는가? 나의 행동을 보고 당신은 어떤What 생각을 했는가?
이러한 질문에 정확한 대답을 들으면 변화의 가능성이 보인다. 그 중 가장
중요하다고 생각하는 것은 마지막에 표시한다. 다음 페이지에는 이러한
비교와 회고를 위한 공간이 마련되어 있다. '셀프 이미지 vs 자신에 대한
타인의 인식'을 통해 자신이 사람들에게 어떤 인상을 주는지 비교하거나,
특정 주제를 선택할 수 있다.
수의 경우 좋은 친구와의 관계 그리고 파트너십이라는 주제를 선택했다.

특정 상황에 대한 자신의 생각은 무엇인가?
다른 사람들은 그 상황을 어떻게 보고 있으며,
어떻게 말하는가?

셀프 이미지

타인의 인식

피드백

셀프 이미지

타인의 인식

피드백

셀프 이미지

타인의 인식

피드백

관점 정의하기
Define Point
of view

다양한 유형의 회고, 에너지 저널 그리고 '셀프 이미지 vs 타인의 인식'으로부터
얻은 결과를 통해 자신에 대한 새로운 통찰을 얻을 수 있었고, 신호 및 경고
시스템에 더욱 익숙해졌다. 따라서 삶을 변화시키려는 노력에서 이미 큰
진전을 이룬 셈이다. 이러한 결과를 바탕으로 이제 관점을 정의한다.
이 단계는, 변화를 위한 아이디어를 찾는 데 초점을 맞춘, 후반 단계에서 매우
중요한 역할을 한다.

관점 정의하기

관점을 정의한다는 것은 우리가 이해하고 관찰하는 단계를 마치고
'라이프 디자인 씽킹' 과정에서 한 단계 더 나아간다는 것을 의미한다.
우리는 관점(PoV)을 구체화한다. '라이프 디자인 씽킹'의 맥락에서
관점은 변화를 위한 의미 있고 실현 가능한 욕구로 표현된다.

변화의 다음 단계로 나는 _____(무엇/미션)을 하고 싶다.

왜냐하면 _____(욕구/이유/긍정적인 감정) 때문이다.

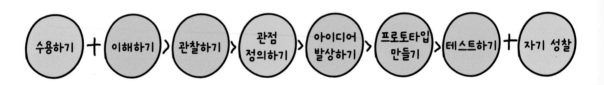

이 문장에 가장 중요한 발견이 무엇인지를 기록한다. 먼저 생각을
정리하고 자기 대화, 활동, 셀프 이미지 및 타인의 인식에서 발견한
가장 중요한 결과물을 정리하고 표시해야 한다.

맥락 지도 만들기

결과물을 제시할 때, 먼저 맥락 지도context map를 사용하여
프레임워크의 조건을 정의하고 시각화하는 것이 좋다. 이를 통해
특정 주제(예: 관계, 일, 여가, 건강)에 대한 생각을 체계적으로 정리하고,
관점을 공식화하기 전에 이를 구조화할 수 있다.

수의 '관계'에 대한 맥락 지도

수는 관계라는 주제(적절한 파트너를 찾는 것)에 대한 몇 가지 결과를 맥락 지도에 기록했다.
이 결과물은 이전에 수행한 자기 성찰(이해 및 관찰) 연습에서 도출되었다.

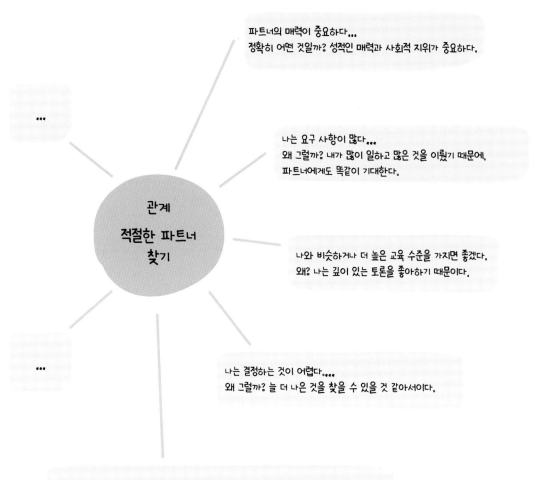

자신만의 맥락 지도 만들기

맥락 지도를 만드는 방법에는 여러 가지가 있으며, 파생된 결과물을 추가할 수도 있다. 중요한 것은 주요한 요소를 고려 사항의 중심에 두고, 페이지의 가운데에 기록하는 것이다. 다음 페이지에는 관점을 구체화하기 전에 맥락 지도를 작성할 수 있는 공간이 있다.

관점을 어떻게 구체화할 것인가?

관점을 구체화하기 위해서는 시각화 방법을 사용하는 것이 가장 좋다.
자신이 원하는 미래의 이미지를 상상한다. 그 이미지를 기록하고, 현재
자신이 경험하는 감정과 느낌을 묘사한다. 또한 미래의 변화와 관련된
행복한 상황을 상상한다. 추가적인 감정이 유발되면 이것도 함께
기록한다.

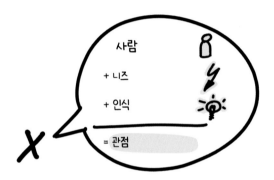

파트너를 찾는 수는 다양한 친구들로부터 잠재적인 파트너를
알아가는 동안 자신에 관한 이야기를 너무 많이 공개하여(가설)
남성들을 겁먹게 했다는 피드백을 받았다. 그때까지 수는 이를
인식하지 못했다. 친구들은 그녀가 좀 더 신비롭게 보이도록 노력해야
한다는 팁을 줬다.

수의 관점

수의 관점은 다음과 같다.

"변화의 다음 단계로, 나는 남자들에게 좀 더 신비롭게 보이고 싶다. 서로를
알아가는 동안 내 이야기를 너무 많이 해서 그들에게 부담을 주고 싶지
않다."

존 또한 회고 단계를 통해 자신이 변화하고 싶은 것을 발견할 수 있었다. 친구들은 존이 처가를 방문할 때 짜증을 덜 내고 조금 더 즐거워한다면 아내가 사랑받는다는 느낌을 갖게 될 것이라고 추측했다(가설).

존의 관점

"변화의 다음 단계로, 아내와 처가 식구들이 함께 즐길 수 있는 무언가를 하고 싶다. 아내가 나에게 사랑받고 있다고 느끼는 것이 나에게 중요하기 때문이다."

이제 자신이 새롭게 발견한 내용과 미래 이미지를 기반으로 그 상태를 가장 잘 설명하는 문장을 작성할 차례이다. 문장은 현재 시제를 사용하여, 긍정적이고, 간결한 용어로 작성한다. 중요한 것은 단순하게 시작하는 것이다. 이 문장을 여러 번 반복하여 수정하면서 결국 자신에게 가장 편안한 버전을 만들 수 있다.

관점 구체화

'라이프 디자인 씽킹'에서 관점을 구체화할 때, 수와 존이 사용한 방식을 따른다. 마지막에는 기분 좋은 버전이 만들어져야 한다.

버전 1

"**변화의 다음 단계로,** _____ ,
나 (이름)는

_____ **하고 싶다,**
(미션)

왜냐하면 _____ **때문이다."**
(필요/이유/긍정적 감정)

작성한 문장을 다시 살펴보며, 다음과 같이 회고할 수 있다:

• 작성된 문장에 정말 만족하는가?

• 이 아이디어대로 행동할 때 어떤 느낌이 드는가?

• 정확히 무엇이 더 좋아지고 있는가? 몸의 어디에서 그것을 느끼는가?

• 다른 사람들이 당신의 새로운 미션을 어떻게 알아차릴 수 있는가?

• 무엇을 더 하고 싶은가? 긍정적인 감정을 유발하는데 충돌이 되는 요인은 무엇인가?

아래 측정 지표를 통해 문장의 올바른 위치를 확인한다. 왼쪽으로 치우쳐져 있다면 계속 수정하면서 더 좋은 느낌이 들 때까지 개선한다.

반복해서 작업할 수 있도록 여러 개의 버전을 준비했다. 종종 첫 번째 또는 두 번째 버전에서 올바르게 작성하기도 하고, 때로는 약간의 수정만으로도 자신이 편안하게 느끼는 관점을 표현하기도 한다.

관점을 반복적으로 개선하라

버전 2

"변화의 다음 단계로, _____ ,
나 (이름)는

_____ 하고 싶다,
(미션)

왜냐하면 _____ 때문이다."
(필요/이유/긍정적 감정)

버전 3

"변화의 다음 단계로, _____ ,
나 (이름)는

_____ 하고 싶다,
(미션)

왜냐하면 _____ 때문이다."
(필요/이유/긍정적 감정)

최종 관점

"변화의 다음 단계로, _____ ,
나 (이름)는

_____ 하고 싶다,
(미션)

왜냐하면 _____ 때문이다."
(필요/이유/긍정적 감정)

아이디어 발상 및 선택

Find and select ideas

라이프 디자인 씽킹에서 우리는 자기효능감을 발휘할 수 있는 다양한 방법을
보여주기 위해 가능한 한 많은 아이디어와 가능성을 찾을 것이다. 그래야만
테스트를 위한 개별 아이디어를 선택할 수 있다. 이 책에서는 새로운
아이디어를 얻기 위해 브레인라이팅과 유추 등 창의성 기법을 활용한다.
이는 새로운 삶의 길을 탐색하는데 효과적이다.

어떻게 아이디어를 발상하는가 (아이디어를 찾는가)?

이해하기와 관찰하기 단계 그리고 관점을 구체화한 후에는, 이제 명확한 아이디어로 자신의 미션에 집중할 때이다. 108~109페이지에서 기록한 자신의 관점에서 출발하는 것이 좋다. 이제 해결책에 대한 아이디어와 초기 과정에 대한 적극적인 탐색을 시작한다.

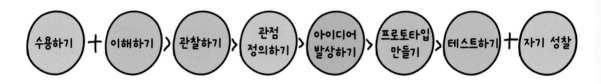

어쩌면 지난 며칠 또는 몇 주 동안, 변화를 시작하고 구현할 수 있는 방법을 연습하면서 초기 아이디어가 이미 떠올랐을 수도 있다.

에너지 저널에서 얻은 성찰에서 일부 변화가 이미 이뤄졌거나, 변화를 실험했을 수도 있다. 하지만 한 번에 모든 것을 바꿀 수는 없다. 지금은 특히 중요하거나 시급하다고 생각되는 요소에 집중한다.

우리는 그 이유를 잘 알고 있다. 삶이란 모빌과 같아서 개별 영역이 서로 균형을 이루고, 각각의 변화가 전체 시스템에서 새로운 균형을 찾아가기 때문이다.

자신이 바꿀 수 없는 것인지, 자신이 해결할 수 있는 문제인지를 늘 상기해야 한다.

변화를 선택하는 기준은 스스로 정해야 한다. 이는 마치 높은 산을 오르는 다양한 길이 있는 것과 유사하다. 예를 들면, 에너지 저널에서 작은 단계를 도출할 수도 있다.

특정 지점에서 속도가 느려진다 하더라도 걱정할 필요는 없다. 잠시 멈추고 성찰하는 짧은 휴식(멈춤)을 갖는 것은 아주 정상적이고 그 자체로 가치가 있다. 휴식은 다음 단계로 도약하기 위한 힘을 모으는 데 도움이 된다.

자신이 도달하는 각각의 작은 단계는 자신감과 확신을 강화하여, 시간이 지남에 따라 새로운 정상과 힘든 구간에 도전할 용기를 준다. 사람들은 자신이 직면한 도전 과제를 해결하면서 성장한다.

수의 단계: 아이디어와 해결책 찾기

수는 첫 번째 단계를 "신비스럽게 보이기"라고 작성했다.
두 번째 단계는 사회적 지위가 다른 남성과 데이트하는 것일 수 있다.
단계를 구성할 때 'WHAT'에 초점을 맞춘다. 'HOW'는 해결책을 말한다.

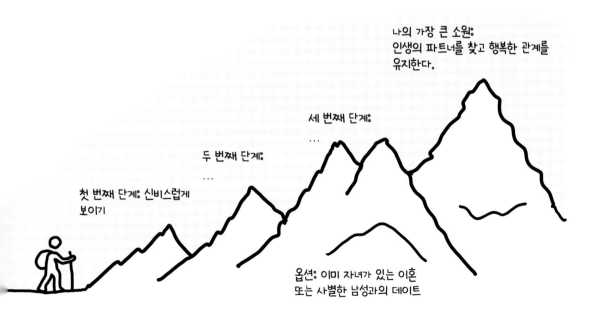

단계 및 목표 정의

하나 이상의 삶의 영역에 대한 목표와 목표를 이루기 위한 세부 단계를 정의한다.

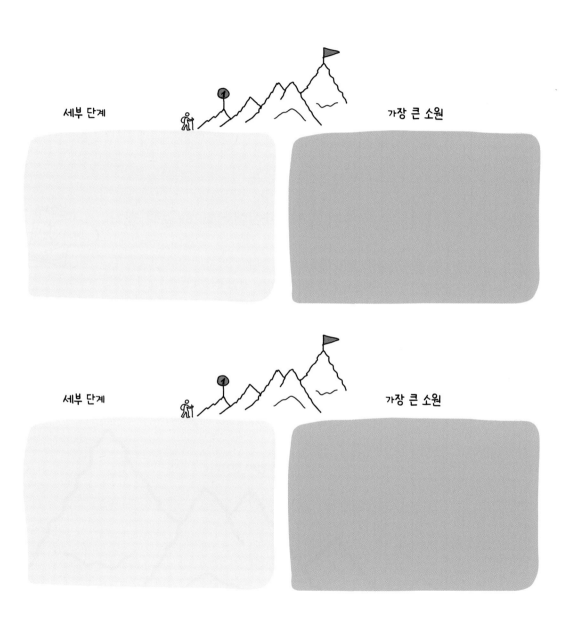

세부 단계

가장 큰 소원

세부 단계

가장 큰 소원

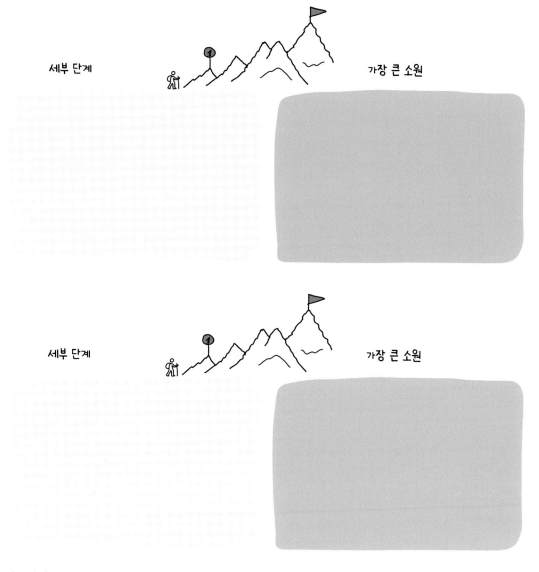

세부 단계   가장 큰 소원

세부 단계   가장 큰 소원

'무엇'을 바꾸고 싶은지 알게 되면, '어떻게' 바꿀 것인지에 대한
아이디어가 필요하다.

어떻게 하면 첫 번째 단계를 실현하기 위한 창의적인 아이디어를 개발할 수 있는가?

디자인 씽킹에는 '발산'과 '수렴'이라는 두 가지 과정이 있다. 발산은 가능한 한 많은 아이디어를 생성하는 것이다. 아이디어 발상하기 (아이디어 찾기)를 위해 잘 알려진 창의성 기법, 브레인스토밍 또는 브레인라이팅(아이디어를 추가하여 적는 것)을 사용한다.
반면, 수렴은 새로운 컨셉을 시도하고 최종적으로 그것을 구현함으로써 해결책에 가장 적합한 것에 집중하고, 이를 명료하게 만드는 데 사용된다.

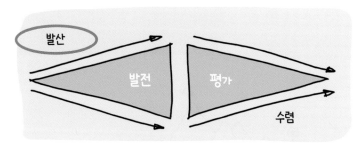

이 단계에서는 모든 아이디어를 자유롭게 허용한다. 브레인라이팅은 아이디어 발상에 이상적이다. 떠오르는 모든 것을 적는다.

존의 "관계에 더 많은 모멘텀 주기"라는 단계에 관한 첫 번째 아이디어이다

존을 떠올리자. 첫 번째 단계에서 그는 아내와의 관계 개선을 원했다. 그는 아내와의 관계가 지루하고 사랑스럽지 않다고 느낀다. 둘의 공통된 소원은 행복한 관계를 갖는 것이다. 그는 브레인라이팅 세션을 시작하고, 이 단계에서 떠오르는 모든 창의적인 아이디어를 기록했다.

성적 욕구에 대해
이야기하기

더 나은 경청자가
되기

처가 방문은 그만

미셸에게 오토바이
사주기

별거

휴식 취하기

바람 피우기

부부 상담

문제에 관해 함께
이야기하기

질투

라이프 플래닝 블로그
읽기

더 많은 돈 벌기

직업/연금 상황 변경

친구와 상담하기

더 큰 친밀감

관계 개선

아이 가지기?

더 큰 마음챙김을 통한
관계 개선

더 관대해지기

서포트 그룹

이민

휴가 보내기/함께 활동하기

자신의 행동
성찰하기

관계 가이드 읽기

독특한 경험 공유하기
(예: 낙하산 점프)

자신의 행동이 다른 사람
(예: 아내, 처가, 친구)에게 어떤
영향을 미치는지 질문하기

생활 환경 바꾸기

인생 파트너를 찾기 위한 수의 아이디어 목록

수 또한 "어떻게 하면 …할 수 있을까?"에 관해 곰곰이 생각했다. 그녀는 올바른 인생 파트너를 찾기 위한 아이디어를 찾고 있다. 첫 번째 단계로 '신비스럽게 보이기'라는 통찰을 테스트하기를 원한다. 그래서 브레인라이팅을 위해 표를 사용했다.

"어떤 경우에 신비롭게 보일 수 있을까?"에 관한 수의 브레인라이팅	
• 새로운 레저 활동에서 누군가를 알아가기	• 스피드 데이트를 가입하고 짧은 시간에 많은 인맥 얻기
• 성인 교육 센터에서 수업 듣기	• 시를 쓰고 온라인에 게시하거나(예: 블로그) 공개적으로 낭독하기
• 신비롭게 보이도록 일종의 '거리 공연' 형태를 리허설하고 연기하기	• 다국적 청중이 있는 이벤트에 참여하기
• 경제 및 마케팅과 관련 없는 다른 주제 공부하기	• 싱글을 위한 스터디 여행에 참가하기
• 친구의 초대를 더 자주 수락하고, 비공식적인 파티에 더 많이 참석하기	• 전혀 모르는 주제의 모임에 가기
• …	• …
• …	• …

아이디어 발상하기

창의적인 아이디어를 브레인스토밍 하기 위해 다음 페이지를 활용하여
달성 가능한 소원이나 아이디어를 작성한다. 존이 했던 것처럼 해보자.
다음 빈 페이지 중앙에 아이디어 발상이 필요한 단계의 컨셉을 적는다.
그런 다음 컨셉과 연관된 모든 것(거친 아이디어, 언뜻 보기에 터무니없는
아이디어, 급진적인 아이디어)을 작성한다. 아니면 수가 했던 것처럼 두 개의
열이 있는 목록으로 작업해도 좋다.

아이디어가 바닥을 드러내면, 잠깐 다른 일을 하는 것도 좋다.
아이디어의 질이 아니라 양에 중점을 둔다. 계속 아이디어가 떠오르지
않는다면, 스스로에게 이렇게 질문한다. "어떻게 하면 …할 수 있을까?"

브레인라이팅: 현재 단계를 실현할 수 있는
초기 아이디어는 무엇인가?

Design
Thinking
Life

아이디어 발상을 위한 브레인라이팅 및 브레인스토밍

아이디어 발상을 위한 브레인라이팅 및 브레인스토밍

아이디어 발상을 위한 브레인라이팅 및 브레인스토밍

아이디어 발상을 위한 브레인라이팅 및
브레인스토밍

아이디어 선택하기

이제 하나의 단계 혹은 그 이상의 단계에 대한 수많은 아이디어를
얻었을 것이 분명하다. 가장 적합한 아이디어 5~7개를 선택하여
형광펜으로 강조해본다. 그 후 도움이 되고 유익하다고 생각되는
아이디어를 직관적으로 선택하여 '데이지 꽃'으로 옮긴다.
이런 방식의 초기 아이디어의 선택은 자기효능감을 높이고,
긍정적인 변화를 만드는 데 큰 도움이 된다.

아이디어를 시각화하는 방법으로 데이지 꽃을 사용하는 것에는,
꽃의 모든 꽃잎은 동등하며, 목록을 사용할 때 흔히 생기는
아이디어의 우선 순위를 자동으로 정하지 않겠다는 의미가 있다.

스탠퍼드대학교의 미래전망 프레임워크라는 프로그램에서는
의도적으로 데이지 꽃을 사용하여 문제의 적절한 범위를
보여주거나, 특정 수의 실현가능성을 매핑하기도 한다.

수는 브레인라이팅을 통해 '신비롭게 보일 수 있는' 방법에 관한 아이디어를 20개 넘게 떠올렸다. 그 중 일부는 형광펜으로 칠했고, 일부는 그러지 않았다. "신비롭게 보이기"라는 목표를 위해 다음 6가지 활동을 선택했다.

각 단계에 대한 아이디어 선택

다음 페이지에는 자신만의 데이지 꽃을 직접 만들고, 자신의
생각을 정리할 수 있는 공간이 준비되어 있다. 각 단계별 목표
달성에 유용하다고 생각하는 아이디어를 선택하는 것이
중요하다.

Design
Thinking
Life

아이디어에 만족하는가? 아니면 더 창의적인 아이디어를 찾고 있는가?

첫 번째 아이디어 발상을 반복했다면, 이미 결과에 상당히 만족할 수도 있다. 그렇다면 138페이지로 이동하여 발산 단계에서 수렴 단계로의 전환을 시작해야 한다.

창의성을 높이고 더 많은 아이디어를 도출하고 싶다면(더 많은 아이디어 생성) 유추 작업과 같은 다른 디자인 씽킹 방법을 시도해보는 것이 좋다. 여기서 기본 아이디어는 인생의 다른 영역이나 단계에서 얻은 유용한 아이디어를 브레인스토밍 프로세스에 통합하여 변형된 새로운 해결책을 찾아내는 것이다.

수Sue는 어떤 유추를 선택할 수 있는가?

예시

"신비스럽게 보이기"에 대한 수의 첫 번째 생각은 '비밀 요원'을 떠올리는 것이었다. 제임스 본드는 신비로워 보이는 전형적인 인물이다. "흔들지 말고 섞어주세요."라는 유명한 말을 남겼고, MI6 요원을 신비롭게 묘사했다.

수는 유추를 활용해 다음과 같은 문장을 작성했다.:

어떻게 하면 비밀 요원처럼 행동하여 (너무 단호하고 투명한) 지금의 행동을 바꿀 수 있을까?

존은 과거 유추를 사용하여 또다른 예시를 보여준다. 아내 미셸을 만났을 때를 떠올리며, 이를 기반으로 연상을 했다.

존의 단계에 대한 유추

"30년 전에 우리가 결혼에 동의했을 때 미셸과 내가 훨씬 더 행복했던 이유는 무엇일까?"

또는

"우리가 만날 때 미셸에 대해 내가 그렇게 높이 평가했던 점은 무엇이었을까?"

브레인스토밍 및 유추 작성하기

이 작업을 할 때는 두세 가지 유추를 생각하고 문장으로 작성하는 것이 유용하다. 그런 다음 하나 또는 두 개의 유추에 대한 브레인스토밍 세션을 진행하는 것이 좋다.

유추를 위한 브레인스토밍:

유추는 관점을 바꾸고 창의성을 높이는데 도움이 된다.

유추 1

어떻게 하면 _____을(를) 통해
(벤치마크/행동),

_____을(를) 개선할 수 있을까?
(현재상황/문제)

유추 2

어떻게 하면 _____을(를) 통해
(벤치마크/행동),

_____을(를) 개선할 수 있을까?
(현재상황/문제)

유추 3

어떻게 하면 _____을(를) 통해
(벤치마크/행동),

_____을(를) 개선할 수 있을까?
(현재상황/문제)

유추를 기반으로 아이디어를 발상하는 방법

브레인라이팅의 맥락에서, 자신이 선택한 유추에 대해 가능한 모든 해결책을 다음 페이지에 기록한 다음, 가장 적합한 해결책을 다시 데이지 꽃에 작성한다.

브레인스토밍 세션을 마친 수는 제임스 본드 비유와 관련된 다양한 해결책을 확인한 후, 이를 다른 데이지 꽃에 요약했다.

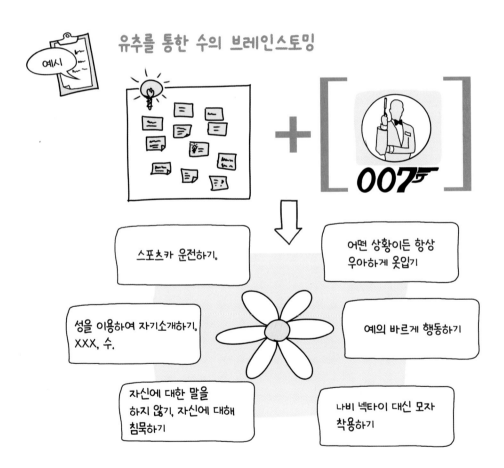

유추를 통한 수의 브레인스토밍

예시

스포츠카 운전하기.

어떤 상황이든 항상 우아하게 옷입기

성을 이용하여 자기소개하기. XXX, 수.

예의 바르게 행동하기

자신에 대한 말을 하지 않기, 자신에 대해 침묵하기

나비 넥타이 대신 모자 착용하기

유추를 통한 브레인라이팅

다음 페이지는 131페이지에서 정의한 하나 이상의 유추에 대한 브레인라이팅 세션을 위한 공간이다. 브레인스토밍 후 자신에게 맞는 아이디어를 선택하여 데이지 꽃에 입력한다.

유추를 통한 브레인라이팅

Design
Thinking
Life

해결책 선택하기

다음 페이지는 더 많은 데이지 꽃을 만들고 자신의 생각을
정리하는 공간이다. 유추 연습으로 아이디어를 선택하는 것이
중요하다. 이를 통해 원하는 단계에 도달할 수 있다.

더 많은 창의성이 필요한가?

지금까지 많은 아이디어를 모았다면, 이제 수렴 단계에 들어간다.

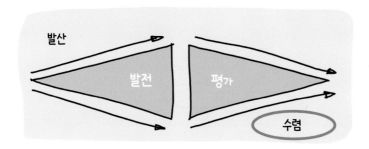

물론 다른 브레인스토밍이나 브레인라이팅 방법을 사용할 수도 있다(다크호스: 기본적인 것을 생략하는 아이디어 발상법. 존의 경우 "아내가 없는 삶은 어떨까?"라는 질문에 답하는 것). 하지만 대부분의 경우, 더 나은 삶을 위한 잠재적인 해결책을 이미 많이 모았기 때문에, '라이프 디자인 씽킹' 프로세스를 계속 진행하게 될 것이다. 즉, 실행 가능하고 더 행복해질 수 있는 해결책에 집중하는 것이다. 이제 우리는 '고뇌 영역'에 들어간다.

왜 '고뇌 영역'인가?

발산 단계에서 수렴 단계로의 전환을 고뇌 영역이라고 한다. 수많은 아이디어 중에서 현실적인 변화 가능성이 있는 것을 선택하고 의미 있는 순서로 단계를 배치하는 것은 힘든 도전이기 때문이다.

결과적으로 해결책에 대한 몇 가지 접근법을 채택하는 것으로 자신의 선택을 제한해야 한다. 옵션이 많을수록 선택이 더 어려워진다. 이 시점에서는 기발한 아이디어를 빠뜨리는 것에 대해 걱정할 필요가 없다. 대부분 현재 가장 적합한 선택이 무엇인지 직관적으로 알 수 있다.

올바른 선택을 위해 이전에 사용했던 다음 네 가지 질문을 추가로 할 수 있다.

- 해결책은 어떻게 느껴지는가?
- 어떤 해결책이 더 좋게 느껴지는가? 해결책을 상상할 때 몸의 어디에서 무엇을 느끼는가?
- 자신이 새로운 것을 시도하고 있다는 사실을 다른 사람들이 어떻게 알 수 있는가?
- 더 많이 하고 싶은 것은 무엇인가? 긍정적인 느낌을 방해하는 요소는 무엇인가?

다음 페이지에서는 네 단계를 수행한다.

1. 아이디어를 요약하고 선택한다.
2. 아이디어를 시각화하고, 목표를 정한다.
3. 라이프 컨셉을 테스트하고 실험한다.
4. 해당 단계와 적합한 라이프 컨셉을 반복적으로 개선한다.

어떻게 아이디어를 요약하고 선택할 수 있는가?

아이디어의 선택과 정리를 위해 각각의 아이디어를 '의사결정 매트릭스'에 배치할 수 있다. 예를 들어, 각 축에 '멋진', '실현 가능한'이라는 레이블을 지정하는 것이다. 다양한 아이디어들을 이런 방법으로 빠르게 분류할 수 있다.

수의 아이디어 선택

이미 몇 가지 멋진 아이디어를 도출한 수는 의사결정 매트릭스를 활용하기로 했다. 자신의 감정에 따라 개별 아이디어를 그리드grid로 분류한다. 수는 멋지고 실현 가능한 모든 아이디어에 대해 더 알아보기로 했다.

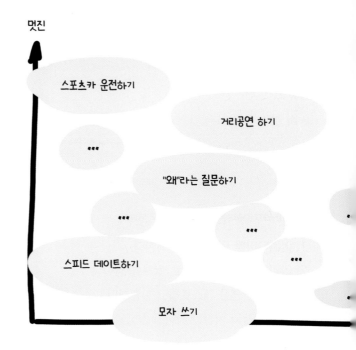

아이디어 선택하기

다음 페이지에서는 이러한 그리드로 아이디어를 변환할 수도 있다. 일반적으로 직업, 가족, 관계 및 건강 측면에서 원하는 변화를 위해 사용된다.

물론 양 축을 다르게 정의하거나 더 구체화할 수도 있다(예: 실현 가능한 대신 저렴한). 이렇게 하면 매트릭스가 개인적인 니즈에 가장 가까워진다.

어떤 아이디어가 멋지고 실현 가능한가?

매주 월요일에 시 쓰기

개인적인 선언문 작성하기

자신에 대해 침묵하기

스터디 여행 가기

다른 주제 공부하기

우아한 옷 입기

신비로워 보이는 친구 찾기

실현 가능한

아이디어 요약 및 선택하기

멋진

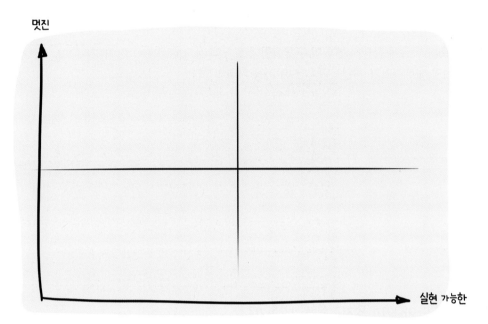

실현 가능한

멋진

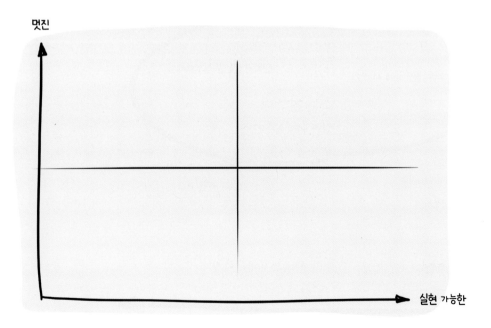

실현 가능한

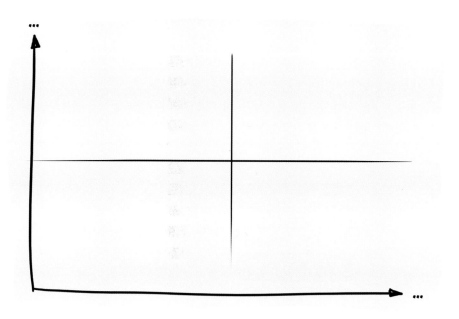

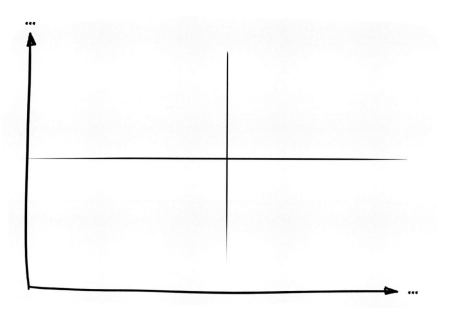

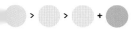

아이디어의 최종 선택을 어떻게 할 것인가?

초기 선택 후 해결책을 편집하여 일반적으로 3~6개의 구체적인 해결책을 결정할 수 있다. 그 후 이러한 해결책들을 테스트한다.

선택한 아이디어 중 어떤 아이디어를 테스트해야 할지 확신이 없다면, 간단한 교차 체크를 하면 된다. 별 4개 등급을 사용하는 것이 효과적이다. 별 1개는 아이디어는 좋지만 실제로는 맞지 않음을 나타내고, 별 4개는 목표에 정확하게 맞는 것을 의미한다. 3개 정도의 질문을 선별하여 별점을 준다.

전체 별점에서 2개 이상의 별을 받은 아이디어는 테스트하기 좋은 후보이다. 이를 통해 잠재적인 해결책에 관한 자신의 생각을 빠르게 파악할 수 있다. 다음 예시에서는 아이디어의 최종 선택 작업이 어떻게 진행되는지를 보여준다.

 ### 수Sue의 "나 자신에 대해 침묵하기"에 대한 평가

수는 자신이 선택한 3개의 아이디어가 모두 멋지고 실현 가능하다고 생각한다. 그러나 "나 자신에 대해 침묵하기"가 자신이 생각하는 방식과 일치하지는 않는다.

 나는 실현 가능성에 대한 자신감이 충분하다.

 이 아이디어는 내 가치관과 일치한다.

 나는 그것을 상상하는 게 편안하다.

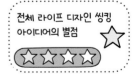 전체 라이프 디자인 씽킹 아이디어의 별점

그래서 수는 능동적이며 자신의 성향과 더 맞는 것을 시도해보기로 결정한다. 그녀는 시를 쓰고 그 시를 소셜 미디어에 공유하기로 한다

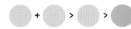

다음 네 가지 기준에 맞게 자신이 선택한 아이디어를 회고한다.

선호도 평가 1 : · · · · · · · · · · · · · ·

나는 실현 가능성에 대한
자신감이 충분하다.
☆☆☆☆☆

이 아이디어는 내 가치관과
일치한다.
☆☆☆☆☆

나는 그것을 상상하는 게
편안하다.
☆☆☆☆☆

전체 라이프 디자인 씽킹
아이디어의 별점
☆☆☆☆☆ ☆

선호도 평가 2 : · · · · · · · · · · · · · ·

나는 실현 가능성에 대한
자신감이 충분하다.
☆☆☆☆☆

이 아이디어는 내 가치관과
일치한다.
☆☆☆☆☆

나는 그것을 상상하는 게
편안하다.
☆☆☆☆☆

전체 라이프 디자인 씽킹
아이디어의 별점
☆☆☆☆☆ ☆

선호도 평가 3 : · · · · · · · · · · · · · ·

나는 실현 가능성에 대한
자신감이 충분하다.
☆☆☆☆☆

이 아이디어는 내 가치관과
일치한다.
☆☆☆☆☆

나는 그것을 상상하는 게
편안하다.
☆☆☆☆☆

전체 라이프 디자인 씽킹
아이디어의 별점
☆☆☆☆☆ ☆

라이프 플랜 디자인,
테스트 및 구현
Design, test, and
implement life plans

잠재적인 라이프 플랜을 시각화한다는 것은 선택한 아이디어를 기반으로 프로토타입을 만들어 해결책을 디자인한다는 것을 의미한다. 그러나 이러한 아이디어는 실생활에서 테스트를 하기 전까지는 허공에 떠다니는 가설에 불과하다.

프로토타입으로 아이디어를 실제 경험하고 다른 사람과의 상호 작용을 통해 피드백을 얻으면서, 더 행복한 삶을 반복적으로 디자인하는 것이 궁극적인 목표이다. 그러나 각각의 가설이 유용한지의 여부는 라이프 플랜을 실행하는 과정에서만 분명해진다

프로토타입은 각 단계와 라이프 컨셉을 시각화하는 형태로 나타난다.

선택된 아이디어와 라이프 컨셉을 시각화하기 위해서는 그리드grid를 사용하는 것이 효과적이다. 시각화 작업은 시작 단계부터 시작하여 세 단계를 묘사하고 마지막에 이상적인 결과를 스케치한다(149페이지 수의 라이프 플랜 참조). 이는 라이프 플랜의 초안으로 테스트 결과에 따라 바뀔 수 있다.

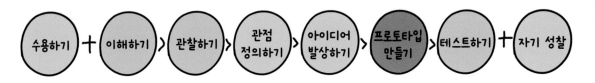

크고 작은 변화 모두에 그리드를 사용한다. 하지만 주요한 변화의 경우 개별 단계를 거치는 시간이 다소 길어질 수 있다.

여기에서는 몇 가지 라이프 컨셉과 각각의 단계를 묘사하는 것이 바람직하다. 디자인 씽킹에서 각 프로토타입에 이름을 붙이는 것처럼, 라이프 플랜에도 각각의 계획에 이름이 있어야 한다. 이미 논의된 아이디어에 대한 자기 성찰과 더불어 라이프 플랜에서 답해야 할 주요 질문을 명확히 작성해야 한다.

수Sue는 이미 자신의 라이프 플랜을 시각화했으며, 동시에 라이프 플랜이 다루는 질문에 관한 작업을 했다. 그런 다음 자신이 상상하는 것에 대한 느낌이 어떠한지, 아이디어 구현에 대한 충분한 자신감을 가지고 있는지, 자신의 계획이 상상한 것과 일치하는지 그리고 변화에 대처할 시간과 에너지 및 의지가 있는지에 대해 성찰을 했다. 수는 또한 마지막에 자신이 발견한 내용을 다시 간략하게 요약했다.

**디자인 씽킹은 아이디어를 디자인하고, 실험하고, 구현하는 것이다.
이러한 삼위일체를 분리하면 최종 결과에 나쁜 영향을 미칠 것이다.**

수의 라이프 플랜 초안
"일상에서 시를 더 많이 쓰기"

예시

시작	1단계	2단계	나의 꿈

Start
Monday
"Poetry"

about life"

자신의 시를 좋아
하는 남자들에게
편지 쓰기

"그 시가 왜
좋았나요?

이메일:
그 남자와 약속
잡기

이 이메일에 나
에 대해 거의
쓰지 않기
조용히 하기

라이프 플랜은 어떤 니즈를 해결하는가?

• 더 많은 관심 받기
• 새로운 질문 기법 배우기
• 남자와 친해지며, 동시에 신비롭게 보일 수 있다.

라이프 플랜에는 어떤 질문이 남아있는가?

• 성공하는데 얼마나 오래 걸리는가?
• 어떻게 해야 홍콩에서 누군가를 만날 수 있는가?

라이프 플랜에 대한 전체적인 관점

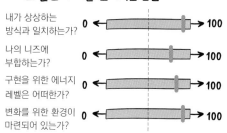

내가 상상하는
방식과 일치하는가?   0 ←→ 100

나의 니즈에
부합하는가?   0 ←→ 100

구현을 위한 에너지
레벨은 어떠한가?   0 ←→ 100

변화를 위한 환경이
마련되어 있는가?   0 ←→ 100

라이프 플랜을 전체적인 관점으로 살펴보고, 자신의 계획이 상상하는 대로 표현되었는지, 니즈를 충족하는지, 현재 에너지 레벨로 구현 가능한지 등을 성찰한다. 또한 주변 환경이 자신의 변화를 지원해줄 수 있는지 확인한다.

다음 페이지에는 계획과 단계를 구체적으로 표현할 수 있는 공간이 마련되어 있다. 새로운 아이디어를 기반으로 이상적인 결과에 이르는 경로가 바뀔 수도 있으며, 이는 지난 며칠 그리고 몇 달 동안 자신의 니즈를 더 많이 알게 되었기 때문이다.

라이프 플랜 및 단계 스케치하기

라이프 플랜 1: . . . .

시작: 1단계: 2단계:

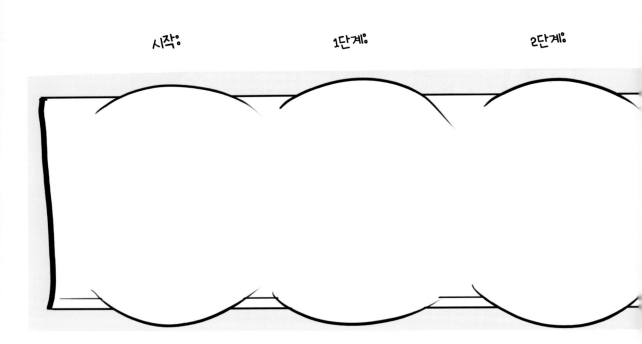

라이프 플랜은 어떤 니즈를 해결하는가?

. . . .

라이프 플랜과 관련하여 어떤 질문이 남아 있는가?

. . . .

3단계: 이상적인 결과:

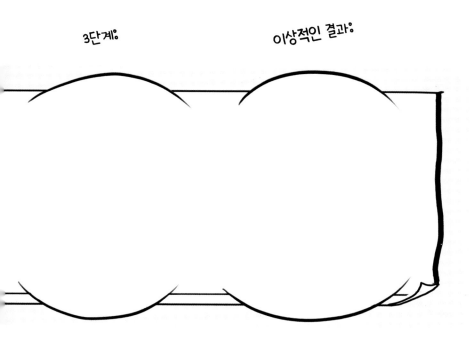

라이프 플랜에 대한 전체적인 관점

내가 상상하는 것과
일치하는가?   0 ← [////////] → 100

나의 니즈에 부합하는가?   0 ← [////////] → 100

구현을 위한 에너지
레벨은 어떠한가?   0 ← [////////] → 100

변화를 위한 환경은
마련되어 있는가?   0 ← [////////] → 100

Design
Thinking
Life

라이프 플랜 및 단계 스케치하기

라이프 플랜 2: · · · · · · · · · · ·

시작: 1단계: 2단계:

라이프 플랜은 어떤 니즈를 해결하는가?

· ·

· ·

· ·

라이프 플랜과 관련하여 어떤 질문이 남아 있는가?

· ·

· ·

· ·

3단계: 이상적인 결과:

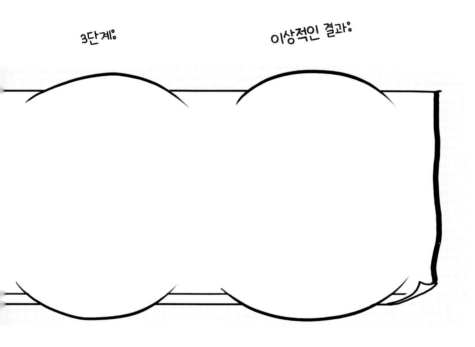

라이프 플랜에 대한 전체적인 관점

내가 상상하는 것과
일치하는가?   0 ⟵ [====] ⟶ 100

나의 니즈에 부합하는가?   0 ⟵ [====] ⟶ 100

구현을 위한 에너지
레벨은 어떠한가?   0 ⟵ [====] ⟶ 100

변화를 위한 환경은
마련되어 있는가?   0 ⟵ [====] ⟶ 100

라이프 플랜 및 단계 스케치하기

라이프 플랜 3: · · · · · · · · · · ·

시작: 1단계: 2단계:

라이프 플랜은 어떤 니즈를 해결하는가?

· ·

· ·

· ·

라이프 플랜과 관련하여 어떤 질문이 남아 있는가?

· ·

· ·

· ·

3단계: 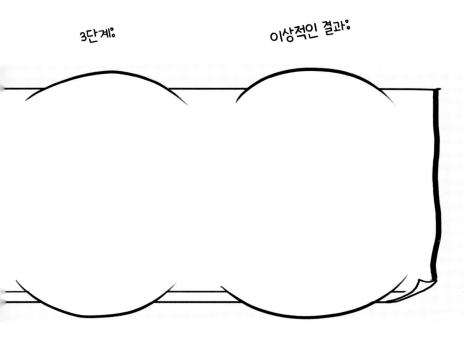 이상적인 결과:

라이프 플랜에 대한 전체적인 관점

질문	0		100
내가 상상하는 것과 일치하는가?	0		100
나의 니즈에 부합하는가?	0		100
구현을 위한 에너지 레벨은 어떠한가?	0		100
변화를 위한 환경은 마련되어 있는가?	0		100

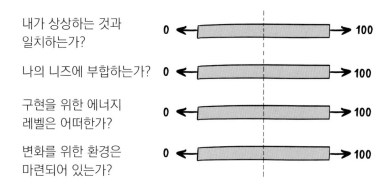

메모를 위한 공간

'라이프 디자인 씽킹'은 "사랑하고, 받아들이고, 재구성하고, 변화를 촉발하라"는 원칙에 따라 살아가게 만든다. 우리의 라이프 컨셉도 마찬가지이다.

라이프 컨셉 테스트와 실험하기

디자인 씽킹 프로세스에서는 아이디어 또는 계획을 테스트하고
거기에서 느껴지는 감정과 개선 방법을 확인하는 것이 중요하다.
테스트 결과가 마음에 들지 않으면, 기존의 아이디어를 버리고 새로운
아이디어로 시작할 수 있다.

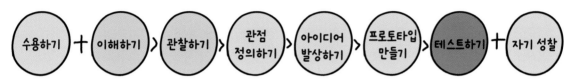

라이프 컨셉을 테스트하는 것은 말처럼 쉽지 않지만, 통찰을 얻을 수
있는 방법은 여러 가지가 있다. 테스트는 생각의 실험이 아니라 실제
경험에 관한 문제이기 때문에, 디자인 씽킹 사이클에서 가장 중요한
단계에 속한다.

테스트에는 무엇보다 호기심과 새로운 것을 시도하려는 의지가
필요하다.

테스트는 가능한 한 적은 노력으로 잠재적 라이프 플랜이 자신에게
즐거움을 주는지 그리고 현실 적용이 가능한지를 알아내는 것이다.

라이프 컨셉을 테스트하기 위해 어떤 기회를 활용할 수 있는가?

만약 직업에 변화를 주고 싶다면, 해당 분야의 일을 하루 정도 시도해 보는 방법이 있다. 이민을 가고 싶다면, 해당 나라에서 휴가를 보내는 것도 현지 사정을 파악하는데 좋은 실험이 될 것이다. 관계에 변화를 주거나, 라이프스타일을 바꿀 때도 마찬가지이다.

중요한 것은 개별적인 단계 또는 이상적인 결과를 경험하고 이를 통해 새로운 통찰을 얻는 것이다. 사람들은 좋은 삶이란 무엇인지 또는 특정 직업에서 어떻게 해야 행복할 수 있는지에 대한 가정assumption을 가지고 있다. 그러나 그 상황을 현실에서 경험해야만 실제 느낌을 알 수 있다. 따라서 각 단계와 이상적인 결과에 관한 프로토타입을 가볍게 만들어 보는 것이 좋다.

실패를 좋아하는 사람은 없다. 하지만 해결책을 찾기 위한 다양한 시도 과정에서 겪는 실패는 변화에 대한 가치 있는 자극을 제공한다.

라이프 플랜과 각 단계에 대한 프로토타입은 매우 다양한 방식으로
테스트되고 검증된다. 우리의 목표는 무엇이 자신을 행복하게 하는지
알아내는 것이다.

일을 조금 줄이고 잠시 동안 다른 라이프 컨셉을 테스트하는 것은 쉽지
않다. 돈도 많이 들고 복잡하기도 하다. 하지만 실제 경험해보는 것만큼
좋은 방법은 없다. 1주일 간의 인턴십 '맛보기'에서도 중요한 통찰을
얻을 수 있다. 라이프 컨셉, 직업, 활동에 대한 참여적 관찰(소위 쉐도잉
shadowing) 또한 중요한 통찰을 얻을 수 있는 좋은 기회이다.

간단한 쉐도잉 방법은 다른 사람과 자신의 아이디어를 공유하는
것이다. 전문가 인터뷰나, 자신이 바라는 일이나 상황을 직접 경험하고
있는 이들이나 친구나 가족과 같이 가까운 사람들과의 대화도
포함된다. 잘 찾아보면 누구나 자신의 아이디어를 공유하고 토론할 수
있는 사람들이 있다.

수sue의 프로토타입 테스트 방법

수는 친구들과 시를 주제로 소셜 미디어에 반복적으로 게시하는 아이디어에 관해 논의했다. 대부분 긍정적인 반응을 보여주며, 게시물을 작성하라고 권했다. 또한 많은 사람의 관심을 끌고 게시물을 퍼트릴 수 있도록, "좋아요"를 눌러 주겠다고 했다.

프로토타입에서 무언가를 배울 수 있다면, 라이프 컨셉을 실험해보는 것은 의미가 있다.

또한 자신이 바꾸고자 하는 것에 관해 자세히 알아볼 수 있는 강의, 현장 보고서 또는 블로그 등에서도 다양한 기회를 찾을 수 있다. 그 외에도 우리는 온라인에서 "라이프 디자인 씽킹" 또는 "미래를 디자인하라"라는 슬로건으로 다양한 강의를 찾아 볼 수 있으며, 여기에서 다른 참가자들과 폭넓은 토론을 하거나, 피드백을 받거나, 새로운 통찰을 얻을 수 있다.

피드백 캡쳐 그리드

자신의 삶에 관한 아이디어, 단계, 열망 등을 테스트하다 보면 어떤 방식으로든 피드백을 받게 된다. 사분면이 있는 간단한 매트릭스에 피드백을 기록하면 그 내용을 파악하는데 도움이 된다. 이를 통해 어떤 생각이 좋았는지, 버릴 것은 무엇인지, 삶의 열망과 관련이 없는 것은 무엇인지 그리고 자신이 경험하고 추구하고 싶은 새로운 것에 대한 좋은 개요를 얻을 수 있다.

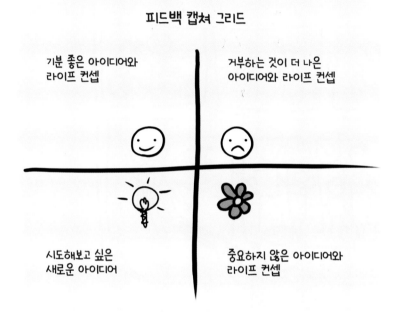

피드백 캡쳐 그리드

기분 좋은 아이디어와
라이프 컨셉

거부하는 것이 더 나은
아이디어와 라이프 컨셉

시도해보고 싶은
새로운 아이디어

중요하지 않은 아이디어와
라이프 컨셉

디자인 씽킹은 반복적인 과정이다. 따라서 이전 단계를 몇 번 반복하고
그에 따라 회고하면서 아이디어, 단계 및 라이프 컨셉을 개선하거나,
적용하거나 또는 버리는 것이 좋다.

마지막으로 현실적인 라이프 플랜을 세웠을 때, 이를 이해하기 쉬운
이야기로 묘사하거나 시각화하는 것이 중요하다. 각 단계가 그림으로
표현된 이야기는 자신이 상상하는 개별적인 변화를 잘 표현한다는
장점이 있다.

존의 라이프 플랜:
자기효능감 있는 활동 스케치

경청

함께 하는 활동

나의 소망

가족을 인정하고, 모든 사람에게 옳은 일을 할 수 있는 방법 찾기.

자기효능감에 대한 나의 개인적인 기대치를 인생의 새로운 단계와 나이에 맞게 조정하기.

존의 경우, 자기효능감에 대한 기대는 이제 자신의 욕망, 기술, 자신이 성공적으로 수행할 수 있는 행동과의 관계 속에서 새롭게 형성된다. 하지만 이것 또한 시간이 지남에 따라 변할 수 있다. 변화는 대부분 사회 시스템에 따라 달라지기 때문이다. 이러한 변화 속에서 자신의 삶을 복잡하게 만드는 상호 관계와 피드백을 위한 기회를 얻을 수 있다.

다음 페이지에는 자유롭게 사용할 수 있는 5개의 피드백 캡처 그리드가 있다.
여기에 개별 경험에 대한 중요한 결과를 충분히 기록한다.

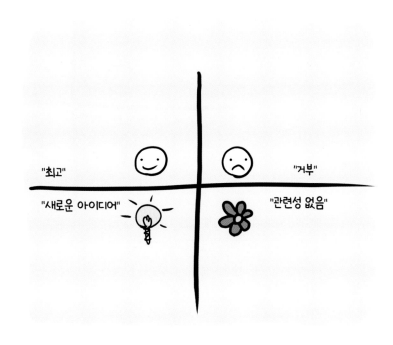

피드백 캡쳐 그리드

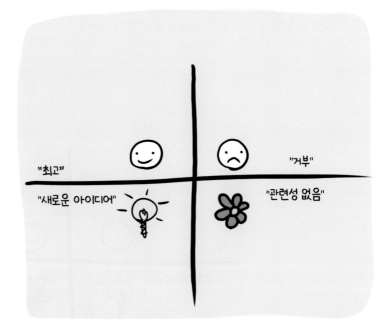

"최고"   "거부"

"새로운 아이디어"   "관련성 없음"

단계별 라이프 플랜에 대한 실험을 통해 얻은 피드백은 기존 계획을
세밀하게 조정하여 새로운 요소를 포함하거나 새로운 라이프 플랜
또는 개별 단계를 구상하고 시각화하는 데 도움이 된다. 이러한 반복
과정(테스트하기 – 피드백 얻기 – 개선하기)은 개인의 니즈에 맞는 컨셉을
찾을 때까지 원하는 만큼 자주 수행하는 것이 좋다.

자신의 라이프 플랜과
자기효능감을 높이는 행동 작성하기:

라이프 디자인 씽킹이 팀 스포츠인 이유

라이프 디자인 씽킹 사이클에서는 자신의 네트워크, 친구와 동료 및 가족의 참여가 중요하다. 그들은 다양한 방식으로 활용되는데, 어쩌면 이미 다양한 단계에서 그 사람들이 참여했을 수도 있다. 예를 들면, 자신의 셀프 이미지과 다른 사람이 인식하는 자신의 이미지를 탐색하는 과정에서 그들과 인터뷰를 했을 수 있고, 인생 단계와 라이프 플랜에 대한 귀중한 피드백을 얻기 위해 이야기를 나눴을 수도 있다.

삶의 변화를 만들어 나갈 때, 주변 사람들의 역할은 중요하다. 이직을 고려하면서 주변 사람들의 도움을 받는 경우가 있었을 것이다. 그들은 당신이 했던 새로운 시도를 경청하기도 하고, 그 시도가 실패했거나 그 경험이 부정적이었을 때에도 계속하도록 동기부여를 해주기도 한다.

변화를 위해서는 자신의 계획을 지지하거나 후원하는 사람, 가까운 가족 구성원 등이 필요하다. 또한 당신의 변화는 다른 사람에게 긍정적인 영향을 주며, 사람들은 거기에서 영감을 받아 자신의 삶에서 무언가를 변화시킬 용기를 얻는다.

라이프 디자인 씽킹은 팀 스포츠이다.

어떤 사람이 변화의 과정과 실제 구현에 도움을 줄 수 있는가?

라이프 디자인 씽킹은 단순히 개인의 변화에 국한되지 않는다.
모든 변화는 주변의 많은 사람들에게 영향을 미친다.

새로운 라이프 컨셉을 어떻게 구현하는가?

인생의 단계를 실행하는 경우, 변화의 결과로 전체적인 삶이 어떻게 개선되고 있는지를 각 단계에서 회고하는 것이 좋다. 만약 개선되지 않았다면 활동을 조정해야 한다. 삶에 있어서 만족스러운 최종 단계는 존재하지 않는다. 완벽한 직업을 갖고, 최고의 관계를 유지하며, 가장 건강한 삶을 살고 있다 해도, 변화가 필요한 상황이나 삶의 모빌을 움직이게 하는 외부 요인이 생길 수 있다. 그래서 라이프 디자인 씽킹 사이클은 지속적으로 실험하고, 삶을 조정하며, 초점을 전환해야 하는 과정이다.

"지금 하는 일이 잘 되고 있다면, 그것을 더 많이 하라. 하지만 효과가 없다면 다른 방법을 시도하라."

- 스티브 드 세이저

나선형의
지속적인 성장

이 책은 반복 프로세스를 지속하기 위한 다양한 전략과 기술을 우리에게 제공한다. 올바른 태도로 반복하며 조금씩 더 깊이 파고들고, 자신에 대해 더 많이 배우며, 새로운 길을 탐색한다는 사실을 깨닫는다면 더 많은 변화를 점진적으로 만들 수 있다. 또한 리프레이밍은 실패로부터 긍정적인 교훈을 얻는데 유효한 방법이라는 사실을 알았다. 실패란 만족스러운 삶으로 가는 실험의 결과이기 때문이다.

우리는 자신을 지속적으로 발전시켜 삶의 다양한 영역에서 균형을
잡아 나갈 때 행복을 느낀다. 일정한 간격으로 시간을 내어 자신이
현재 어디에 서 있고, 자신이 하고 있는 일이 어떻게 진행되고
있는지를 회고해야 한다.

이 책의 시작 부분(37~39페이지)에서 자신의 행동과 관련된 만족도를
평가하고, 이를 초기 상태와 비교하기 위해 각각의 행동 영역을
평가했다(37페이지 참조). 하나 이상의 단계에 도달한 후에 이 그리드를
채워 보고, 어떤 추가적인 변화가 필요한지를 결정해야 한다.

자기 성찰: 현재 나는 인생에서 어디에 있는가?

관계

여가

일

건강

길은 우리가 걷기 시작할 때에만 그 모습을 드러낸다.

수와 존에게 어떤 일이 일어났는가?

위대한 일은 변화를 향한 작은 발걸음에서 시작된다。

수와 존은 모두 지난 몇 주와 몇 달 동안 중요한 것을 배웠다.
즉, 자기효능감을 갖고 무언가를 어떻게 바꿀 수 있는가 하는 것이다.
두 사람은 모두 시스템을 가동시키고 새로운 것을 시도하며 스스로
변화를 만들었다. 가장 흥미로운 사실은 이것이 여러분 자신의
이야기라는 것이다. 왜냐하면 앞선 모든 단계에서 자신만의 이야기를
썼기 때문이다. 가상의 인물 두 명의 역할도 컸다. 어쩌면 당신은 그들이
지금 어디에 서 있는지 궁금할 것이다.

수는 자신이 바꾸고 싶은 두 가지 큰 문제를 확인했다. 하나는 아시아에서
유럽으로 돌아가 가족과 더 가까워지고 싶다는 바람이었다. 둘째, 수는
파트너를 찾아야 할 필요성을 느꼈다. 유럽으로 돌아가고 싶다는 그녀의
바람은 스위스가 아니라 파리로 돌아가는 것이다. 수는 프랑스라는
"사랑의 도시"를 어쨌든 긍정적인 것들과 연관시켰다.

파트너를 찾고자 하는 열망으로 그녀는 소셜 미디어에 작은 그림과 함께 짧은 격언을 게시하는 아이디어를 실행했다. 그동안 매주 자신의 글을 읽고 댓글을 다는 4,320명의 팔로어를 가지게 되었다. 때로는 자신의 글에 질문을 덧붙여 팔로어로부터 응답을 유도했다. 이를 통해 수는 이미 여러 남성과 연락을 취했고, 두 번의 즐거운 데이트를 즐겼다. 그녀는 글을 쓰는 것에 큰 재미를 느껴, 짧은 시집 출간을 고려하고 있다.

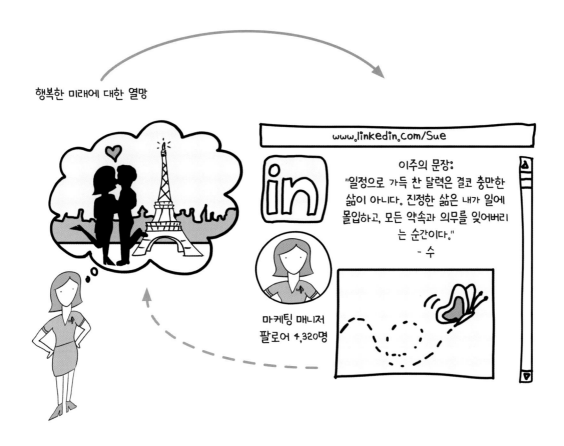

행복한 미래에 대한 열망

www.linkedin.com/Sue

in

마케팅 매니저
팔로어 4,320명

이주의 문장:
"일정으로 가득 찬 달력은 결코 충만한 삶이 아니다. 진정한 삶은 내가 일에 몰입하고, 모든 약속과 의무를 잊어버리는 순간이다."
- 수

존의 인생에 새로운 장이 열렸다. 60세에 조기 퇴직을 할 수 있었던 것은 시간과 삶의 질이라는 측면에서 엄청난 선물이었다. 하지만 오랫동안 시간 부족으로 다루지 못했던 몇 가지 문제가 발목을 잡았다. 존은 커리어를 쌓는 동안 항상 처가 식구들을 피할 핑계를 찾을 수 있었다. 하지만 이제 존은 이 도전에 직면해야 한다. 그 역시 이 책에 소개된 다양한 기법과 도구 덕분에 삶에 대한 다양한 통찰을 얻었고, 아내와 처가와의 관계를 개선하기 위해서는 자신부터 변해야 한다는 사실을 깨달았다.

존은 작은 일부터 시작하여 점차 다양한 시도를 하며 새로운 일상을 기분 좋게 느껴지게 만들었다. 그는 미셸과 함께 계획을 세우고 그녀와 협의했다. 예를 들어, 2주에 한 번만 함께 처가를 방문하고, 함께 처가에 갈 때는 오토바이를 타고 가기로 했다.

아내 미셸과의 관계를 회복하고 부부로서 더 많은 시간을 함께 보내기 위해, 존은 앞으로 미셸과 함께 새로운 취미를 갖기로 했다. 미셸은 20년 이상 꾸준히 인라인 스케이트를 타고 있다. 존은 스케이트를 시작하기에는 최상의 몸 상태가 아니어서, 미셸은 존이 퇴직할 때 자전거를 선물했다. 하지만 그냥 자전거가 아니다! 마치 오토바이처럼 디자인된 것이어서 존이 그 자전거를 타면 할리에 타고 있는 것처럼 느껴졌다. 그는 또한 운동과 자전거 타기가 건강에 좋다는 것을 알게 되었다. 예전에는 잠이 안 오는 경우가 많았는데, 운동을 하고 활동량을 늘리자 수면 장애가 사라졌다.

삶의 큰 변화는 복잡한 의사결정 단계를 거치지만, 이를 현실에서 구현하는 데는 약간의 용기만 있으면 된다.

이 책의 다음 파트에서는 큰 변화에 초점을 맞춘다. 큰 변화는 주로
직업과 커리어 플래닝이라는 주제와 관련이 있다. 이는 많은 사람이
늘 고민하고 계속 다루는 중요한 문제이기 때문이다. 큰 변화 앞에서
사람들은 종종 스스로에게 의문을 제기하는 경우가 많다. 예를 들어,
올바른 전공이나 직업을 선택했는지 스스로에게 묻는다. 스티브의
경우, 학업을 계속해야 할지 아니면 스타트업에서 일해야 할지를
끊임없이 자신에게 묻는다. 이런 종류의 큰 변화는 자신의 삶에
광범위한 영향을 줌에도 우리는 일정한 활동영역(=프레임)에서
벗어나지 못하는 경우가 많다.

지금까지는 에너지 저널을 사용하여 활동을 바꾸는 것처럼 주로
시스템에 변화를 주었다. 중요한 변화는 시스템에서 이뤄져야 한다.
이는 시스템을 완전히 재구성하는 과감한 결정을 의미하기도 한다.

이해를 돕기 위해, 서로 다른 두 루프에서 다른 유형의 변화를 상상할 수 있다. 작은 변화를 '싱글 루프single loop'라 하고, 큰 변화를 '더블 루프double loop'라 한다.

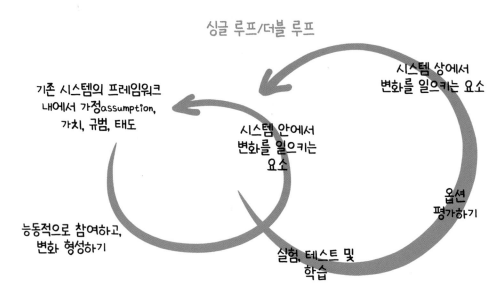

싱글 루프/더블 루프

기존 시스템의 프레임워크
내에서 가정assumption,
가치, 규범, 태도

시스템 상에서
변화를 일으키는 요소

시스템 안에서
변화를 일으키는
요소

옵션
평가하기

능동적으로 참여하고,
변화 형성하기

실험, 테스트 및
학습

크고 작은 변화를 다루고 있다는 것을 어떻게 알 수 있는가?

모두가 상상하는 것처럼, 이 질문에 대답하기가 쉽지 않다. 경영학 공부에서 나쁜 성적을 받고 있는 학생이 있다면, 이는 시험 준비를 너무 늦게 시작했거나 시험 준비가 충분하지 않았기 때문일 수 있다. 만약 그렇다면 공부 전략을 조정해야 한다. 예를 들어, 적절한 시간 관리나 프로젝트 관리를 활용해 더 효율적으로 공부하는 방식이다. 그래야 더 나은 결과를 얻을 수 있다.

하지만 그가 공부에 대한 동기부여가 되어 있지 않거나, 더 자세히 살펴보면, 실제로는 공부 자체를 좋아하지 않을 수도 있다. 어쩌면 회사를 물려주겠다는 부모님의 기대에 부응하기 위해 경영학을 선택한 것일 수도 있다. 이러한 경우, 작은 변화는 해결책이 되지 않는다. 시간 관리를 해도 심리적 긴장은 그대로 유지되거나, 심지어 증가할 수 있기 때문이다.

그래서 종종 자신이 원하는 것과 외부에서 자신에게 기대하는 것/ 합리적인 것 사이에 갈등이 생기며, 이로 인해 복잡한 변화와 질문에 직면하게 된다.

이러한 복잡성을 인식하는 방법은 부분적인 측면을 강조하고 분석하는 것이다. 그러면서 한 걸음 물러서서 멀리서 상황을 바라본다.

이는 화가가 그림을 그리는 것과 비슷하다. 화가가 초상화를 그릴 때는 눈, 코, 입처럼 개별적인 요소에 집중한다. 하지만 때때로 전체적인 맥락을 파악하기 위해 멀리서 작품을 바라본다.

"초안에서는 재능이 보이고, 실행에서는 예술이 보인다."

- 마리 폰 에브너 에셴바흐

다음 섹션에서도 비슷한 방식으로 진행한다. 선호하는 사고방식이 무엇인지, 어떤 가치를 중요하게 생각하는지, 우리 앞에 놓여 있는 과제가 무엇인지, 마지막으로 우리가 할 수 있는 행동 변화는 무엇인지 알아볼 것이다. 변화하기 위해 마치 모든 퍼즐 조각을 조합하여 그림을 그리는 것처럼 더블 루프에서 작업한다.

셀프 체크
Self-check

이 책에 제시된 전략과 기술을 통해, 자기효능감을 높이는 방식으로 삶의 변화를 시작할 수 있는 새로운 마인드세트를 배웠다. 이제 Part 1의 마지막 부분에서는, 현재 자신이 정신적으로 어디에 서 있는지, 즉 자신이 이미 내면화한 것과 미래에 발전할 수 있는 곳을 빠르게 보여주는 약간의 셀프 체크 방법을 제공하고자 한다. 아직 많은 질문에 긍정적으로 답변할 수 없다면 '라이프 디자인 씽킹 프로세스'를 1~3회 더 반복하거나 개별 질문에 대해 회고하고, 왜 여전히 여기에 서 있는지를 파악하는 것이 좋다.

나는 어디에 서 있는가?

라이프 디자인 씽킹 셀프 체크는 자신의 위치를 파악하는데 도움이
된다. 셀프 체크는 자신의 태도가 어느 정도로 좋아졌고, 변화에
대처하기 위해 행동할 수 있는 능력이 있는지 보여준다.

매일을 성장의 기회로 바라보라.

어려움? 힘든 시기? 문제? 나는 스스로를 안쓰럽게 생각하며 세월을
보내지 않고, 적극적인 변화를 시도한다.

나는 삶에 대한 생각이 명확하다. 변화시키고자 하는 모든 것을
단계적으로 생각하고, 그에 따라 행동할 수 있는 능력이 있다.

중요한 이벤트는 큰 도전이다. 나는 상황을 개선하거나 다르게 바라볼
수 있는 능력이 있다.

내가 영향을 미칠 수 없는 일에 에너지를 낭비하지 않는다. 나는 나를
행복하게 만드는 일에 집중한다.

나에게는 나만의 가치관과 컨셉이 있다. 하지만 나는 나의 행동을
성찰하고, 다른 사람들에게 어떤 인상을 주는지에 대해 숙고한다.

나는 새로운 아이디어를 실험하고, 어떤 라이프 컨셉이 나에게 맞는지
찾으려고 노력한다. 나는 새로운 것에 무작정 뛰어드는 것이 아니라,
미래에 나를 더 행복하게 만들 수 있는 가능성을 반복적으로 탐색한다.

나는 현재에 집중한다. 리프레이밍 기법을 사용하여 변화할 수 없는
과거와 불확실한 미래에 대한 두려움을 다른 맥락으로 전환한다.

나는 나의 행동에 책임을 진다. 만약 실수를 했다면, 그것으로부터
배우고 다음에는 다르게 행동할 것이다.

나를 다른 사람과 비교하지 않고, 나의 이전 성공 경험에서 성과를
낸다. 나는 달성 가능한 명확한 목표를 설정한다.

실험을 통해 라이프 플랜이 마음에 들지 않는다는 사실을 깨달으면, 그에
대한 태도와 계획을 바꾼다. "사랑하거나, 받아들이거나, 재구성하거나
변화를 일으킨다."라는 모토에 따라 행동한다.

나는 의식적으로 나를 위한 시간을 갖고, 다음 변화의 단계를 회고하고,
계획을 세우며, 준비하는 시간을 갖는다. 혼자 있을 수 있는 충분한
자신감이 있다.

나는 내 능력과 그것을 성공적으로 활용하는 방법을 알고 있다.
내가 가장 잘하는 것에 기여할 수 있는 분야를 적극적으로 찾는다

원대한 목표와 야망을 달성하려면 인내와 체력이 필요하다. 변화를 통해
성과를 이루고, 부분적인 성공에 만족할 때까지 필요한 인내심을 발휘한다.

내가 에너지를 어디에 소비하는지 충분한 주의를 기울인다. 내 힘을
빼앗고 삶의 기쁨을 앗아가는 상황에 시간을 낭비하지 않는다.

나는 긍정적인 것에 집중하고, 내가 만나는 모든 상황(좋든 나쁘든)에서
무언가를 얻어 낸다.

나는 불편한 상황에 지배당하지 않는다. 그러한 상황을 인식하고,
이를 다루는 건전한 방법을 찾는다.

내가 이룬 진전을 정기적으로 회고한다. 달성한 좋은 일에 대해
생각하고, 목표를 달성하는데 필요한 경우 방향을 수정한다.

Part II

직업 및 커리어 플래닝
Professional and career planning

이 책의 두 번째 파트는 주로 직업과 커리어 플래닝에 초점을 맞추고 있다. 우리는 총 5만~15만 시간을 일하면서 보낸다. 일생의 10~15%에 불과하지만, 직업은 평생 다뤄야 하는 중요한 문제이다. 기존의 관행에서 벗어나는 변화에 대한 의사결정은 복잡하고, 이를 현실에서 구현하기 위해서는 용기가 필요하다. 이러한 복잡성을 통제하는 좋은 방법은 부분적인 측면을 강조하고 평가하는 것이다.

이 섹션에서는 자신의 기술, 가치관, 환경적인 요인 등을 탐색하고 커리어에 대한 옵션을 디자인하고 테스트한다.

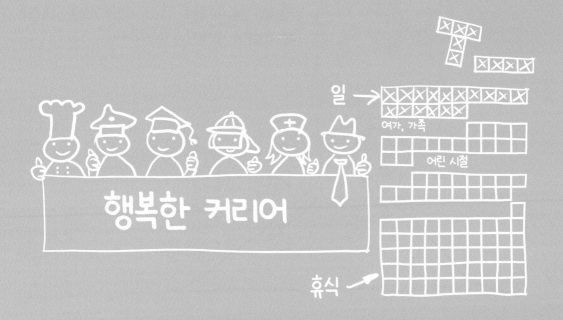

큰 변화의 시작

이쯤 되면 지금까지 왜 작은 변화에만 집중하고 큰 문제를 다루지 않았는지 궁금할 수 있다. 대답은 간단하다. 우리의 경험에 따르면 큰 변화에는 많은 힘과 에너지가 필요하다. 작은 규모의 변화에서 자기효능감을 발휘할 수 있다면, 자동으로 큰 변화를 위한 더 많은 힘을 갖게 될 것이다. 다시 모빌에 비유하면, 작은 변화가 큰 변화를 촉발하는 경우가 많다.

또한 충분히 예상하고 있는 것처럼, 중요한 결정에 직면한 스티브에 대한 언급이 거의 없었다. 그는 "공부냐 커리어냐?"를 두고 고민하고 있다. 다른 페르소나는 그들의 안전지대를 훨씬 벗어나 이민을 가거나 새로운 커리어에 도전하려고 있다. 이러한 질문은 보통 5년에서 10년마다 생기며, 이런 의사결정 때문에 우리는 잠 못 이루는 경우가 많다.

긍정적인 변화에 필수 요소는 내면의 저항을 극복하는 것 그리고 극복할 수 있다고 믿는 것이다.

저항 극복하기

186

앞서 작은 변화를 위해 이미 사용했던 전략과 기술을 활용하여 큰
변화를 만들 수 있다. 달라지는 것은 의사결정의 규모, 단계의 범위
그리고 계획 기간뿐이다. 수가 블로그 게시물을 작성하면, 어떤 변화가
촉발된다. 블로그를 그만두고 싶다면, 언제든 중단할 수 있다. 하지만 먼
나라로 이민 갈 계획이 있다면, 나중에 이 결정을 수정하는 것은 매우
어려울 수 있다. 그래서 이민의 사례를 통해 미래를 살펴보겠다.

스티브의 형 알렉스는 코넬대학교에서 박사 학위를 취득하는 마지막
단계에 있다. 알렉스는 아내 마렌, 3개월 된 딸과 살고 있다. 알렉스는
한 포럼에서 현재 싱가포르에 거주하고 있는 예전 동료를 만났다. 그는
현재 자신의 은행에서 애널리스트를 찾고 있다고 말했다. 싱가포르는
항상 알렉스의 꿈이었고 마렌도 자신이 태어난 곳인 이타카(뉴욕주)를
떠나고 싶어한다. 그들은 싱가포르에서의 삶이 어떨지 함께
상상해보았다. 그러나 이민은 젊은 가족에게는 큰 결정이다. 알렉스
가족은 이 프로젝트를 계획하는 단계에서 다양한 문제를 검토해야 한다.
충분한 준비와 정리를 위해 많은 시간이 필요하다. 알렉스와 마렌은
148페이지에 있는 이미 친숙한 라이프 플래닝 그리드를 활용하여
장기적인 계획을 세우기 시작했다. 그들이 선택한 첫 번째 단계는 취업
허가를 받고 이민에 필요한 돈을 충분히 모으는 것이다.

먼저 자신에게 가장 중요한 것이 무엇인지를
스스로에게 질문해야 한다. 그리고 그 위에
자신의 삶을 구축한다.

알렉스와 마렌의 평생 꿈

뉴욕 북부에서 싱가포르로 이주하여, 새로운 도시에서 새롭고 성공적인
삶을 살기

시작　　　1단계　　　2단계　　　3단계　　　우리의 꿈

취업 허가 받기　지원하기　　　　　　새로운 직업으로 자립하기

저축하기

아이들을 위한 집, 학교
찾기　　　　친구 사귀기　　싱가포르에서 생활하며
일하기

새로운 취미
갖기

라이프 플랜은 어떤 니즈를 다루는가?

- 어린 딸에게 대도시 생활이 바람직한가?
- 마렌이 싱가포르에서 일자리를 찾는 것이 가능한가?
- 우리 가족은 다른 문화에 적응할 수 있는가?
- 우리 부부가 싱가포르에서 커리어를 쌓을 수 있는가?
- 싱가포르의 비싼 집세를 감당할 수 있는가?

라이프 플랜에 대한 전체적인 관점

내가 상상하는 것과 일치하는가?	0 ←━━━━━→ 100	
나의 니즈를 충족하는가?	0 ←━━━━━→ 100	
구현을 위한 에너지 레벨은?	0 ←━━━━━→ 100	
환경이 변화를 지원하는가?	0 ←━━━━━→ 100	

마렌과 알렉스는 두 사람이 같은 상상을 했다는 것에 열광했다. 마렌은 이미 오차드
스트리트에서 쇼핑하는 자신의 모습을 상상했고, 알렉스는 아파트에서 바라보는 이스트
코스트 파크의 풍경과 싱가포르 항구에 입항하기 위해 대기중인 수많은 배를 상상했다.
하지만 두 사람은 조금 두려웠다. 지금까지 미국에서만 살았고, 마렌은 캐나다에서 보낸 한
학기를 제외하고는 다른 문화와 생활
방식에 대한 경험이 많지 않았기 때문이다.

**아무것도 하지 않으면서 변화를 바라는 것은
기차역에서 배를 기다리는 것과 같다.**

알렉스와 스티브의 가족은 원래 중국 출신이지만 미국에 거주하는 2세이므로 미국의 생활 방식에 완전히 융화되었다. 아시아 문화는 그들에게 오히려 낯설다. 둘째, 꿈을 꾸기에는 자금이 충분하지 않다. 알렉스는 오랫동안 공부를 해왔고, 최근 몇 년 동안 상당히 많은 학자금 대출을 상환해야 했다. 싱가포르로 이주하는 옵션을 평가한 후, 그들은 이 변화가 자신과 어린 딸에게 얼마나 큰 영향을 미치는지 깨달았다. 마렌과 알렉스는 또한 두려움과 위험을 줄일 수 있도록 계획을 바꿀 수 있는지 고민했다. 마렌과 알렉스는 어떤 선택을 했을까? 242페이지에서 확인할 수 있다.

인생은 때로 예상치 못한 기회를 준다. 그러나 우리는 항상 전체적인 상황을 파악하면서 자신의 진정한 니즈가 무엇인지, 그것이 자신의 의사결정에 어떤 영향을 주는지 파악해야 한다.

초점: 직업 및 커리어 플래닝

알렉스와 마렌의 상황을 살펴보았다. 이제는 직업 및 커리어 플래닝에 집중하면서, 그에 상응하는 넓은 지평을 살펴 보자.

직업 및 커리어 플래닝은 그림 맞추기 퍼즐과 유사하다. 모든 조각을 파악했다면 그 조각들을 맞춰 목표로 한 이미지를 만들면 된다.

직업 및 커리어 플래닝에는 다른 요소도 중요하다. 예를 들어, 자신이 생각하는 사고 선호도thinking preference의 우선순위는 무엇인지, 어떤 가치가 중요한지, 어떤 과제가 우리 앞에 놓여 있는지, 마지막으로 어떤 행동 옵션이 있는지 등을 알아내는 것이다. ('사고 선호도'에 대한 설명은 198페이지 그림 참조) 그림 맞추기 퍼즐의 조각들은 우리가 따라야 할 구체적인 방향에 대한 단서를 제공한다.

자기효능감이 직업 및 커리어 플랜에 중요한 이유

자기주도적 행동은 목표를 달성하고, 업무를 완수하고, 과제를 해결하는데 중요한 역할을 한다. 자신의 상황을 과연 바꿀 수 있을지 의구심을 갖는다면, 심한 스트레스와 함께 우울해질 가능성이 크다. 결국 동기 부여 능력이 떨어지고 부정적 감정에 잘 대처하지 못한다.

우리가 세상에 나왔을 때, 인생의 첫 해는 이미 정해져 있다. 그 길은 부모의 기대, 사회, 성장 환경에 따라 달라진다. 마찬가지로 학창 시절에도 가능한 최선의 방식으로 역할을 수행해야 하는 엄격한 시스템이 내재되어 있다. 사람들이 대부분 첫 번째 하는 중요한 결정은 직업이나 학습 과정을 선택하는 것이다. 직업학교, 전문대학, 대학교는 가르치는 방식이 크게 다르지 않다.

"집중적인 학습과 교육"

청소년기의 "성장 과정"

어린 시절의 "안전한 동굴"

"혼란스러운" 세상

이 단계에서 처음으로 우리는 자신의 관심사에 맞는 진로를 선택할
기회를 갖는다. 하지만 처음으로 복잡한 감정을 느끼는 곳이 바로
여기이며, 자신이 정말 그 주제를 연구하고 싶은지 아니면 다른 주제를
연구하고 싶은지 스스로에게 묻는다. 이 결정은 우리의 남은 인생을
좌우하게 될 것이다.

학업을 마칠 무렵이나 전문 교육이 끝나면 "인생의 위기"가 찾아온다.
이제 더 이상 교육 기관의 보호 시스템에 속하지 않는 세상에 던져져
자기 삶의 무언가를 스스로 만들라는 요청을 받는다. 이제부터는
자신의 삶을 책임져야 한다. 점점 더 자신에게 다음과 같이 질문을
반복적으로 하게 된다:

나는 누구인가?
인생에서 중요한 것은 무엇인가?
나를 만족시키는 것은 무엇인가?

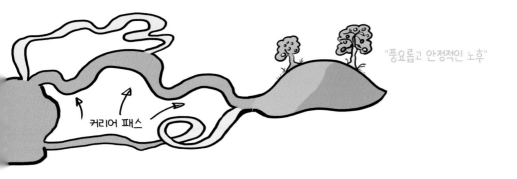

"풍요롭고 안정적인 노후"

커리어 패스

인생의 모든 단계에서 우리는 특별한 미래를 꿈꾸며, 그 꿈에는
수많은 갈망과 그에 따른 두려움이 더해진다. 더 많은 여가 시간을
갖고 싶다는 생각과 도시의 세련된 아파트에 대한 열망이 종종
충돌하기도 한다.

이 책에 나온 다양한 도구와 방법을 활용하여 어떤 욕구가 가장
강력하고, 의사결정 과정에서 가장 큰 영향을 미치는지에 대한
인식을 높일 수 있었다. 인생에서 중요한 것들을 시각화하기 위해
다시 한 번 자신의 욕구와 갈망을 계층 구조로 정리해야 한다.

자신에게 중요한 욕구를 피라미드에 입력한다.

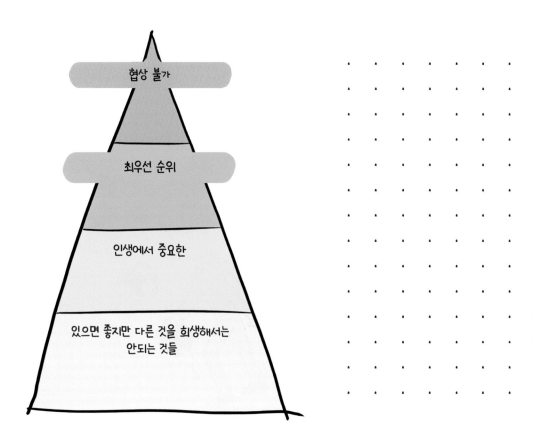

스티브(Steve)는 누구인가?

커리어에 있어서는 무수히 많은 가능성이 있다. 지금 있는 곳에서 승진을 해야
할지, 업종을 바꿔야 할지, 스티브처럼 커리어를 시작하는 단계에서 어떤
직업을 선택해야 하는지 등 많은 결정을 내려야 한다. 의사결정을 하고 그것이
자신에게 맞는지 점검해야 한다. 지금 스티브에게 중요한 것은 공부를
계속할지 아니면 직장 생활을 시작할지를 결정하는 것이다.

스티브, 23세

- 자신을 코스모폴리탄이라 생각하지만,
  요즘은 방향성을 잃음
- 학사 학위
- 첫 번째 여자친구와 꾸준한 만남
- 뉴욕 북부에서 자랐으며, 현재
  팔로알토 거주

이득:

- 미래에 대한 무한한 가능성

고충:

- 자신의 능력을 모르고 인생에서
  무엇을 기대하는지 (아직) 알지
  못함

해결 과제:

- 미래 직업에 대한 결정을 내려야 함

스티브는 커리어 시작 단계에 있다. 이제 막 경영과학 및 공학 학사 학위를
마쳤고, 앞으로 어떤 일을 할지 결정하지 못했다. 대학교에서는
추측통계학보다 경영학에 더 관심이 많았다. 특히 디스쿨d.shcool에서
진행되는 '비즈니스 에코시스템 디자인'을 사용하여 실제 문제를 해결하는
1주일 간의 부트캠프에 참여하기도 했다. 기술 외에도 복잡한 비즈니스
모델을 이해하고, 고객의 니즈에 부합하는 혜택을 만드는데 관심이 있다.

스티브는 다른 사람들과 함께 일하는 것을 좋아한다. 호기심이 많고 아이디어를 실험하는 것이 즐겁다. 동료 학생들 대부분은 다소 내성적이어서 나중에 석사학위를 마칠 때 정보 기술 스킬을 심화시키고 싶어 한다. 스티브는 현재 자신이 선택한 진로가 부담스럽다고 느끼고 있다. 자기 성격에 더 잘 맞는 경영학이나 문화 간 커뮤니케이션을 처음부터 공부해야 하지 않았을까 하는 의문이 점점 더 커지고 있다.

그러던 중 스타트업에 입사할 수 있는 기회가 생겼다. 하지만 회사는 현재 구상 중인 솔루션 구현을 위한 머신러닝 전문가를 찾고 있다. 솔직히 스티브는 프로그래밍에만 매달리고 싶지는 않다.

천직은 자신의 재능이 세상의 필요와 연결되는 지점에 있는 경우가 많다.

스티브는 앞으로 4주 안에 결정을 내려야 한다. 그는 여전히 방향 감각을 잃은 채 혼란스러워하고 있으며, 이런 상태가 그의 마음에 고스란히 반영되고 있다. 밤에 깨는 경우가 점점 더 많아졌고, 자신의 상황에 대해 고민하고 미래에 대해 생각한다. 게다가 여자친구와의 관계도 위기이다. 그녀는 스티브의 불만을 이해하지 못한다. 스티브가 다니는 대학교에서는 매 학기마다 '라이프 디자인 씽킹' 과정을 개설한다. 스티브는 이 과정에 참석하여 라이프 디자인 씽킹 기법을 통해 자신의 상황을 변화시켜 난관을 극복하고 다시 행동하기를 원한다.

절차 모델

진로를 향한 여정은 자신을 아는 것에서 시작된다. 인생에 있어서
자신에게 중요한 것이 무엇인지를 파악해야 하는 것이다. 우선 특정
직업에 대한 가설을 세우고, 자기주도적으로 행동하며, 마지막에는
자신의 직업적 미래를 볼 수 있는 일을 찾게 된다.

라이프 디자인 씽킹 - 커리어 탐험 프레임워크

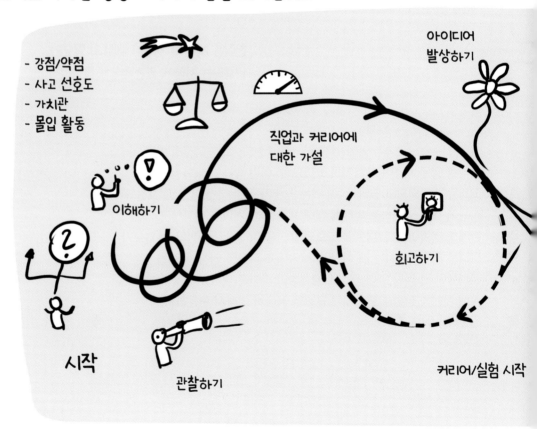

다양한 진로를 함께 테스트하고 비교하는 것이 좋다. 우리는 종종 어떤 활동을 테스트하거나 다른 사람과 함께 자신의 상황을 성찰하면서 완전히 새로운 아이디어를 떠올리곤 한다. 다시 한 번 강조하지만, 자신이 원하는 잠재적인 진로를 유지하면서, 자신이 상상하는 것과 일치하지 않는 실험은 바꾸거나 폐기하는 작업을 반복적으로 진행하는 것이 중요하다.

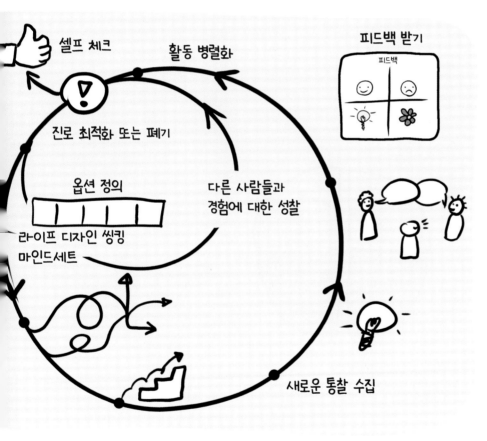

디자인

자신의 능력, 가치관, 동기 부여의 환경 요인 등을 제대로 알고 있는가?

커리어와 관련해서는 자신의 역량을 정확하게 아는 것이 중요하다. 이를 위해서는 HBDI(Herrmann Brain Dominance Instrument) 프로필과 같은 방법을 활용하여 자신의 사고 선호도가 어디에 있는지 알아낼 수 있다.

HBDI 모델은 뇌를 네 개의 생리학적 영역으로 나눈다. 이 모델은 좌뇌와 우뇌, 대뇌와 변연계 영역을 포함한다. 사분면을 통해 여러가지 사고 스타일을 구분할 수 있다. 대뇌 영역에는 인지적 모드와 지적 모드가 있고, 변연계 영역에는 구조적 모드와 정서적 모드가 있다. 대부분의 경우, 테스트 없이도 자신이 어느 사분면에 속하는지 빠르게 파악할 수 있으며, 사고 선호도를 결정할 수 있다.

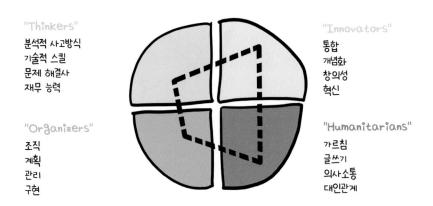

"Thinkers"
분석적 사고방식
기술적 스킬
문제 해결사
재무 능력

"Organizers"
조직
계획
관리
구현

"Innovators"
통합
개념화
창의성
혁신

"Humanitarians"
가르침
글쓰기
의사소통
대인관계

선호도를 결정하는 데 좋은 도구로는 HBDI 모델을 기반으로 한 체크리스트가 있다. 선택한 속성의 개수는 선호도를 나타낸다. HBDI 테스트에 대한 자세한 정보는 HBDI 웹사이트 (https://www.thinkherrmann.com)에서 확인할 수 있다.

☒ 정보 수집하기 ☐ 상황을 합리적으로 분석하기 ☐ 논리적인 방법으로 문제 해결하기 ☐ 합리적으로 논쟁하기 ☐ 숫자와 가치에 의존하기 ☒ 기술적 연결 이해하기 ☐ 재정적 측면 고려하기	☒ 큰 그림 보기 ☒ 불확실성과 불투명성 견디기 ☒ 기회와 가능성 인식하기 ☒ 문제를 직관적으로 해결하기 ☒ 해결책과 개념 통합하기 ☒ 이미 알려져 있고 확정된 것에 의문 제기하기 ☐ 상상력을 발휘하고 비전 갖기
☐ 실용적으로 문제 해결하기 ☐ 숨겨진 문제 발견하기 ☒ 지속적이고 끈질기게 ☒ 모니터링 및 세부적으로 관리하기 ☐ 세부 계획 수립하기 ☐ 약속과 스케줄에 주의하기 ☐ 작은 글씨 읽기	☒ 대인관계의 문제 파악하기 ☒ 다른 사람의 반응 느끼기 ☒ 윤리적 가치 존중하기 ☐ 사람들을 따뜻하게 대하기 ☐ 열정적으로 다른 사람을 설득하기 ☒ 바디랭귀지에 반응하기 ☒ 직감에 의존하기

스티브의 사고 선호도 체크리스트를 보면 노란색과 빨간색 영역이 더 많다. 만약 그가 공부를 시작하기 전에 이 사실을 알았다면 자기 성향에 더 잘 맞는 다른 과목을 선택했을 것이다.

자신의 사고 선호도를 확인한다. 체크된 상자의 개수를 보면 알 수 있다.

☐ 정보 수집하기 ☐ 상황을 합리적으로 분석하기 ☐ 논리적인 방법으로 문제 해결하기 ☐ 합리적으로 논쟁하기 ☐ 숫자와 가치에 의존하기 ☐ 기술적 연결 이해하기 ☐ 재정적 측면 고려하기	☐ 큰 그림 보기 ☐ 불확실성과 불투명성 견디기 ☐ 기회와 가능성 인식하기 ☐ 문제를 직관적으로 해결하기 ☐ 해결책과 개념 통합하기 ☐ 이미 알려져 있고 확정된 것에 의문 제기하기 ☐ 상상력을 발휘하고 비전 갖기
☐ 실용적으로 문제 해결하기 ☐ 숨겨진 문제 발견하기 ☐ 지속적이고 끈질기게 ☐ 모니터링 및 세부적으로 관리하기 ☐ 세부 계획 수립하기 ☐ 약속과 스케줄에 주의하기 ☐ 작은 글씨 읽기	☐ 대인관계의 문제 파악하기 ☐ 다른 사람의 반응 느끼기 ☐ 윤리적 가치 존중하기 ☐ 사람들을 따뜻하게 대하기 ☐ 열정적으로 다른 사람을 설득하기 ☐ 바디랭귀지에 반응하기 ☐ 직감에 의존하기

 자신의 프로필은 어떻게 시각화되어 있는가?
체크리스트에 선택된 횟수를 사용하여 HBDI 프로필을 그린다.

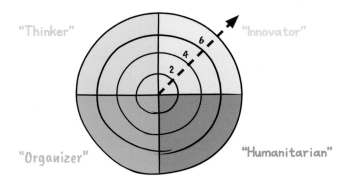

강점 = 재능 x (지식 + 능력)

강점으로 표현된 사고 방식을 성찰하고, 이를 어떻게
효율적으로 활용할지 자문한다.

강점으로 표현되는 사고 방식
(예: "innovator 및 humanitarian" 또는 "thinker")은

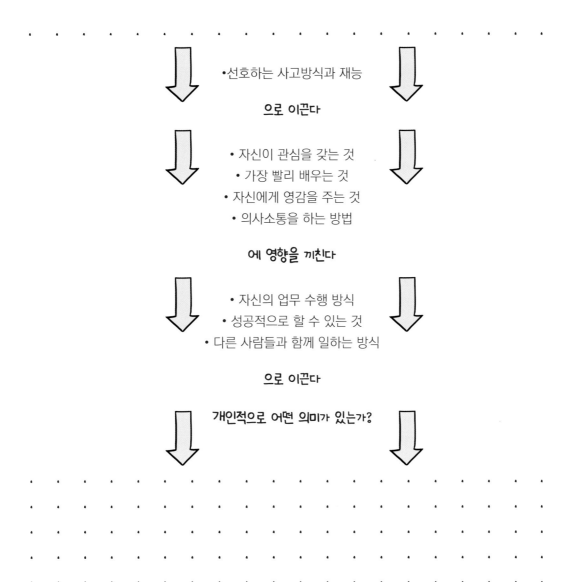

•선호하는 사고방식과 재능

으로 이끈다

• 자신이 관심을 갖는 것
• 가장 빨리 배우는 것
• 자신에게 영감을 주는 것
• 의사소통을 하는 방법

에 영향을 끼친다

• 자신의 업무 수행 방식
• 성공적으로 할 수 있는 것
• 다른 사람들과 함께 일하는 방식

으로 이끈다

개인적으로 어떤 의미가 있는가?

중요한 가치는 무엇인가?

가치관과 같은 다른 요소들도 올바른 직업과 업종을 선택하는 데 중요한 역할을 한다. 인생에 있어서 특히 중요하다고 생각하는 가치와 아이디어를 묘사하는 다양한 속성이 있다. 간단한 연습으로 이를 성찰할 기회를 갖는다.

자신만의 가치관 모음을 만들거나 조금 더 쉽게 다음 목록을 사용하여 가치 피라미드를 만들 수 있다. 60개 이상의 키워드 중에서 가장 중요한 가치 10개를 선택하고 이를 피라미드에 계층적으로 입력하여 우선순위를 정한다. 이러한 성찰을 통해 의도적으로 순서를 만드는 것이다.

인정	업무	미학	외모
자율성	명성	전공	더 나은
운동	관계	소속감	명예
정직	재산	개인적 의무	영향력
휴식	발전	성공	영양
자유	공정성	가족	체력
리더십	재미	우정	평화
감정	배려	전체적인 성격	안정감
신념	평등	정의	건강
이상주의	유머	조화	직관력
창의성	감성	자녀	활동
사랑	예술	생활 수준	성과
명상	충성심	즐거움	힘
용기	연민	호기심	음악
질서	사고력	정치	개방성
여행	파트너십	평온함	경제력
자아실현	로맨스	안전 및 보안	자급자족
연대	자존감	절약	의미 추구
자발성	흥분	지위	영성
환경	스포츠	믿음	꿈
지식	독립	풍요로움	진실

자신에게 특히 중요한 가치를 피라미드에 입력한다.
가장 중요한 가치부터 시작한다.

가장 중요한

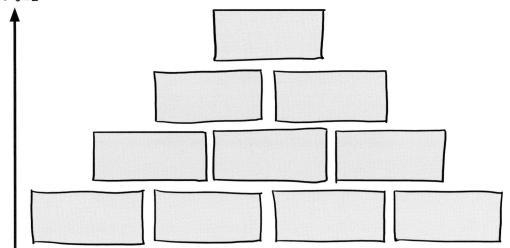

- 자신의 피라미드에 대해 어떻게 생각하는가?
- 예를 들어, 경제력을 가장 중요한 가치로 생각하는가, 아니면 파트너십과 우정을 더 중요하게 생각하는가?

두 번째 피라미드에 위에 작성한 가치관을 다시 정렬한다.

가장 중요한

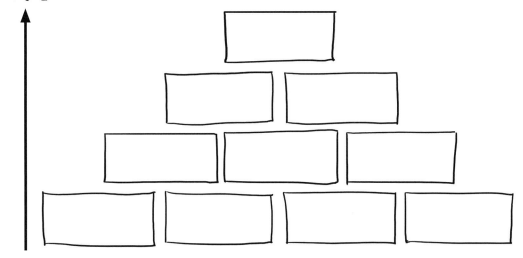

어떤 종류의 일을 즐기는가?
자신에게 중요한 환경 요인은 무엇인가?

두 번째 성찰에서는 자신이 가장 잘하는 일과 과업이 무엇인지
살펴본다. 이러한 자기 성찰을 위해 업무와 환경 요인에 대한 컬렉션을
직접 만들거나, 다음에 제공된 30개 이상의 키워드 목록에서 10개를
선택할 수도 있다. 자신이 선택한 키워드를 피라미드 형태로 분류하여
중요도를 판단할 수 있다.

- 눈에 보이는 결과
- 선택의 자유
- 도전 과제
- 대규모 프로젝트
- 독립적인 행동
- 환경의 영향을 거의 받지 않음
- 세부적인 작업이 거의 없음
- 명확한 목표
- 명확한 규칙
- 변경사항에 대한 설명
- 성과에 대한 인정
- 명확한 직무 설명
- 질문할 수 있는 기회
- 정밀성이 요구되는 업무
- 방해 받지 않는 근무 환경

- 다양성
- 인생을 즐기는 시간
- 문제없는 자유로움과 관용
- 유연한 조건
- 의사소통 가능성
- 대중의 인정
- 사람들과 함께 일하기
- 친근하고 개방적인 분위기
- 보안 및 안정성
- 변화에 적응할 시간
- 소규모 팀으로 일하기
- 인정
- 명확하게 정립된 기대치
- 조화로운 환경
- 구조화된 업무

환경 요인의 우선순위 지정

Design Thinking Life

동기 부여를 위해 가장 중요한 환경 요인의 피라미드를 만든다.

가장 중요한

- 자신의 피라미드에 대해 어떻게 생각하는가?
- 예를 들어, 명확한 목표가 중요한가, 아니면 친근한 분위기가 더 중요한가?

두 번째 피라미드에는 위에 작성한 환경 요인을 다시 분류한다.

가장 중요한

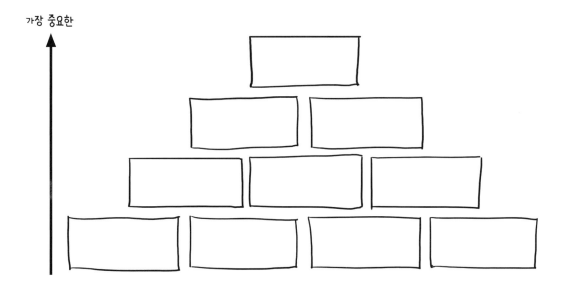

가설 극복하기

가치관과 환경 요인 외에도 가설은 변화의 역동성에 있어서 중요한 역할을 한다. 가설은 어떤 멘탈 모델, 즉 자신이 어떻게 행동하고, 어떤 루틴을 따르며, 어떤 관계를 형성하는지 등에 영향을 미친다.

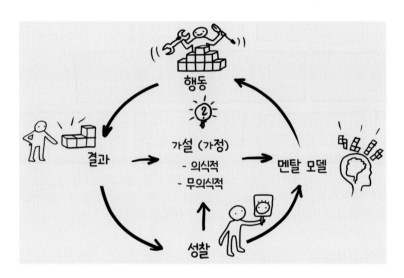

현재 직장이 마음에 들지 않아 이직을 한다면 앞으로 어떤 일을 하게 될지, 새로운 동료들과 어떻게 일할지, 어떤 기업 문화를 접하게 될지에 관해 매우 구체적인 가설을 세우게 된다. 물론 지금까지의 경험보다 더 나은 상황이 펼쳐질 것이라 가정하는 것이 일반적이다. 하지만 이런 가설이 맞는지 아닌지는 실제로 일이 벌어졌을 때 비로소 분명해진다. 스티브의 예와 같이 전공 과정을 선택하거나 학사 학위를 취득한 후 다음 단계를 결정할 때도 마찬가지이다. 가설이 예상대로 적용되는 경우도 있지만, 반박되는 경우도 종종 있다.

문제는 사람들이 이러한 가설을 인식하지 못하고 고려 대상에
포함시키지 않는다는 사실이다. 사람들은 자신의 경험을 믿고 가설을
신뢰하지 않는 경향이 있다. 다시 말해, 어떤 가정에 관해 생각하는
것을 회피하게 만드는 긍정적인 경험이 있는 것이다. 따라서 자신이
경험한 일부 가정만 고려하고, 비슷하게 중요하거나 때로는 더 중요할
수 있는 수많은 다른 가정을 무시한다. 이른바 사각지대가 생긴다.

인간은 아주 오랫동안 (의식적이든
무의식적이든) 가설에 의존해왔다. 가설은
단지 가정에 불과하다는 사실을 인지하는
것이 중요하다. 사람들은 가정이 자신에게
도움이 되지 않는다고 증명되었을 때, 즉
위기에 처했을 때 가정의 유용성에 의문을
제기하기 시작한다.

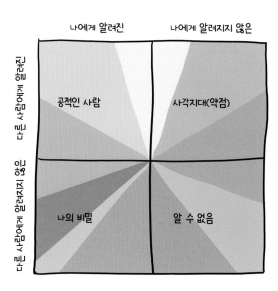

예를 들어, 커리어나 학업에 있어서 이러한 위기는 번아웃의 형태로
나타나거나 시험 성적이 점점 더 나빠질 때 목격된다. 따라서 행동의
근거가 되는 가설에 대해 끊임없이 성찰하고 질문하는 것이 중요하다.
모든 가설은 계속해서 다시 만들어져야 하며, 우리는 그 가설의
유용성을 정기적으로 점검해야 한다. 우리가 활동하는 맥락과
프레임워크는 끊임없이 변하고 있기 때문이다.

가설을 배 밖으로 던져버리지 않으면, 우리는 체념하거나
번아웃에 도달할 때까지 햄스터 쳇바퀴에 갇히게 된다.

하지만 가설이 실제 삶에 영향을 미칠 때, 가설에 의문을 제기하기는 쉽지 않다. 왜냐하면 지금까지 유용했던 가정에 끊임없이 의문을 제기해야 하기 때문이다. 결과적으로 수년 동안 익숙해진 일상과 사고 패턴을 포기해야 한다. 새로운 것을 위한 공간을 만들어야 할 때이다. 스티브의 경우, 지금까지 유용했던 가설은 가족의 영향을 많이 받았다. 그는 오로지 공부를 통해서만 '자신만의 사고방식'을 성찰의 대상으로 삼았다. 이제 새로운 가설을 세울 때가 되었다.

가설 수립하기

새로운 가설을 세우기 위한 첫 번째 단계는 성찰이다. 자신의 가치관, 사고방식, 동기를 부여하는 환경 요인에 대한 성찰을 통해 자신에게 중요한 것이 무엇인지에 대한 초기 단서를 찾을 수 있다. 다양한 측면에 대한 성찰도 가능하다. 예를 들어, 이렇게 자문할 수 있다.

학교, 직업 훈련, 공부를 하면서 가장 좋아했던 과목은 무엇이었는가?

최근 친구나 지인과의 대화에서 어떤 주제에 관심이 있었는가?

여가 시간에 어떤 주제에 관해 더 깊이 배우고 싶은가?

자신을 매료시킨 서비스나 제품은 무엇인가? 그런 서비스가 왜 생겼으며, 누가 어떻게 만들었는지 더 자세히 알고 싶었는가?

두 번째 단계는 자신의 관심사를 바탕으로 2~3개의 문장을 작성하고 그 중에서 가장 마음에 드는 것을 선택하는 것이다. 예를 들어, 스티브는 아래와 같이 쓸 수 있다.

나는 경제 전반과 혁신에 관한 주제를 좋아한다. 나는 특히 새로운 기술과 이를 미래 업무에 어떻게 적용할 수 있는지에 관심이 많다.

세 번째 단계는 "나는 믿는다, 나는 …을 하고 싶다."라는 다양한 문장으로 표현하는 것이다. 스티브는 아래와 같이 문장을 작성했다.

나는 **최첨단** 기술을 사용하거나 자체적으로 개발하는 회사에서 일하고 싶다고 생각한다.

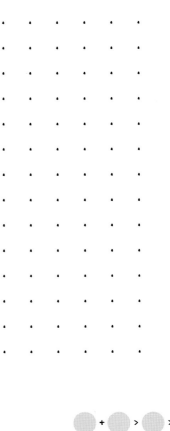

네 번째 단계는 현재 상황, 방금 얻은 통찰 그리고 이전에 널리 퍼진 가설과
비교하는 것이다.

자신의 '새로운 세계관'이 기존 시스템에 어떻게 부합하는가?
자신의 '개인적인 세계'와 새로운 상황 사이의 차이점은 무엇인가?

성찰의 결과

자신의 기술, 가치관 및 동기를 부여하는 환경 요인에 대한 성찰은 직업 및 커리어 플래닝을 위한 기회와 옵션을 선택하는데 도움이 된다.

 ## 스티브의 기술, 가치관 및 동기를 부여하는 환경 요인

- 스티브의 사고 선호도는 뇌의 오른쪽에 위치한다. 예를 들어, 그는 공감 능력이 뛰어나고 사람들을 잘 대한다. 또한 직관적으로 문제를 해결한다.

스티브의 HBDI 프로필

- 가치 측면에서 스티브는 '독립성', '생활 수준', '활동', '소속감'을 피라미드의 최상위에 둔다.
- 환경 요인을 고려할 때 스티브는 '안전과 안정성', '명확한 규칙', '친절하고 개방적인 분위기' 및 '적은 세부 작업'을 특히 중요하게 생각한다.

자신의 "BIG LIKE"를 찾고, 주어진 가능성을 인식하라.

자신의 기술, 가치관, 환경 요인, 기존 가설과 새로운 가설의 비교 등을
성찰하면서 어떤 통찰을 얻었는가?

커리어 패스 디자인
Design career paths

우리는 각자 서로 다르다. 따라서 직업과 커리어 패스도 다르다. "로마로 가는 길은 많다."라는 속담처럼, 결국 자신이 하는 일에 행복을 느낄 때 성공적인 커리어를 가졌다고 말할 수 있다. 커리어 패스를 디자인할 때 가능한 한 많은 경로를 상상하고, 테스트하고, 성찰하는 것이 좋다. 이런 반복 작업을 통해 더 나은 옵션을 선택할 수 있고, 변화를 위한 공간을 만들며, 현재 하고 있는 일에 대한 확신을 가질 수 있다.

직업 및 커리어 플래닝을 위한 옵션 만들기

우리의 경험에 비추어 볼 때, 커리어 플랜을 수립하는데 있어서 일반적으로 두 가지 중요한 상황이 펼쳐진다. 직업 및 커리어와 관련하여 무엇을 어떻게 해야 할지 모르는 백지 상태이거나, 옵션은 많이 생각했지만 어떤 것을 선택해야 할지 모르는 경우이다. 확실한 선택지가 있다면 226페이지로 바로 이동하면 된다. 그러나 이 연습을 통해 새롭고 예상치 못한 통찰을 얻을 수 있으므로, 두 경우 모두 이 연습을 해보는 것이 좋다.

> 하나의 커리어 플랜만 세우지 말고 다양한 버전을 고려하라.
> 이미 커리어 패스를 시작했더라도 다양한 옵션은 자기 발전에 도움이 된다.

첫째 유형, 즉 다음에 어떤 일이 일어날지 모르는 경우 다음과 같은 특징을 가진 세 가지 직업 및 커리어 플랜을 디자인한다:

1. 어느 정도 만족스러운 현재의 커리어를 계속 유지한다: "이미 추구하고 있는 경로를 따른다."

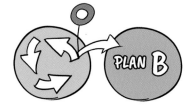

2. 새로운 커리어를 디자인한다. 이는 지금의 자리가 더 이상 존재하지 않는 것을 의미한다: "플랜 B를 마련한다."

3. 돈과 지위가 아무런 역할을 하지 않는 새로운 삶을 디자인한다: "자신이 즐기는 일을 할 수 있다."

스티브는 다음 세 가지 관점이 흥미롭다. "이전처럼 계속하기",
"공부를 할 수 없는 상황이라면 어떻게 될까", "놀이공원Luna Park"
즉, 좋아하는 일만 하기. 그는 이 세 가지 관점을 바탕으로 각각의
라이프 플랜을 세운다. 경영 과학 및 공학 학사 학위는 항상 출발점이
된다.

스티브의 라이프 플랜: "계속 공부하기"

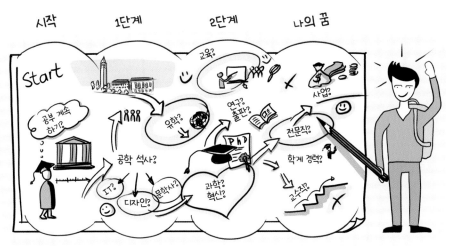

라이프 플랜은 어떤 니즈를 충족하는가?

- 연구는 내가 상상할 수 있는 일인가?
- 비즈니스 정보 시스템을 계속 공부해야 할까, 아니면 다른 것을
  공부해야 할까?
- 산업계에서 일하고 싶은가, 아니면 대학에서 일하고 싶은가?

라이프 플랜에 어떤 질문이 남아있는가?

- 석사 학위는 좋은 생각이지만 IT는 나의 전공이 아니다.
- 새로운 환경과 새로운 나라가 나를 유혹할 것이다.
- 대학에서 일하는 것이 어떨지 현재로서는 상상할 수 없다.

라이프 플랜에 대한 전체적인 관점

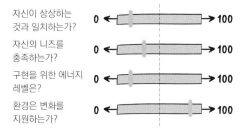

자신이 상상하는
것과 일치하는가? 0 ←――――→ 100

자신의 니즈를
충족하는가? 0 ←――――→ 100

구현을 위한 에너지
레벨은? 0 ←――――→ 100

환경은 변화를
지원하는가? 0 ←――――→ 100

스티브의 라이프 플랜: "공부는 제외한다"

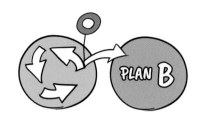

PLAN B

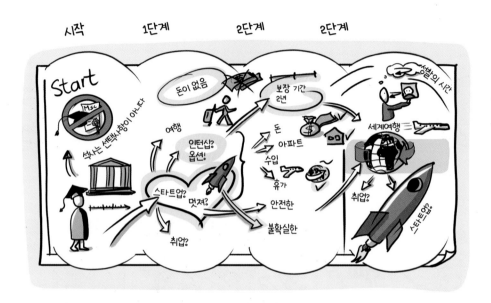

시작　　　　　1단계　　　　　2단계　　　　　2단계

라이프 플랜은 어떤 니즈를 충족하는가?

- 스타트업 경험 없이도 부가가치를 창출할 수 있는가?
- 연수생 프로그램이 좋은 대안이 될 수 있는가?
- 이후에도 모든 길이 열려 있는가?

라이프 플랜에 어떤 질문이 남아있는가?

- 스타트업에서 일하는 것이 "멋지다"고 들리겠지만 이는 불확실하다.
- 인턴십을 통해 회사의 다양한 분야를 경험할 수 있는 기회를 얻을 수 있지만 최대 1년이 걸린다.
- 어쨌든, 크고 넓은 세상이 나를 유혹하고, 더 긴 여행은 나의 꿈이다. 하지만 그러기 위해서는 먼저 돈을 모아야 한다.

라이프 플랜에 대한 전체적인 관점

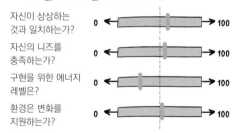

자신이 상상하는 것과 일치하는가?　0 ←———→ 100

자신의 니즈를 충족하는가?　0 ←———→ 100

구현을 위한 에너지 레벨은?　0 ←———→ 100

환경은 변화를 지원하는가?　0 ←———→ 100

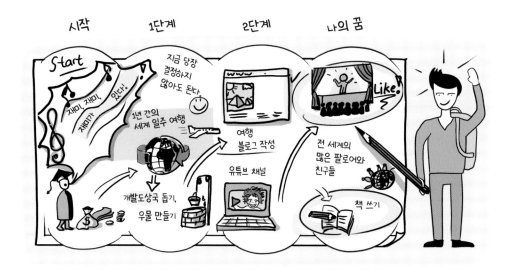

시작   1단계   2단계   나의 꿈

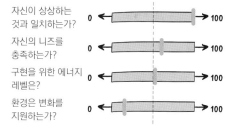

라이프 플랜은 어떤 니즈를 충족하는가?

- 그렇게 오랫동안 전 세계를 여행해도 되는가?
- 내가 도울 수 있는 프로젝트는 어떻게 찾는가?
- 유명해지는 것이 내가 상상하는 것과 내 성격에 부합하는가?

라이프 플랜에 어떤 질문이 남아있는가?

- 지금 당장 모든 것을 내려놓고 세계 여행을 떠난다는 것은 멋지게 들리지만, 당장 실행에 옮길 수 있을지 확신이 서지 않는다.
- 어떻게든 누군가를 돕고 창의적인 해결책을 찾는다는 생각은 나의 기분을 좋게 만드는 아름다운 발상이다.
- 사실 생각해보면 유명해지고 싶지는 않다. 기껏해야 전 여자친구에게 "내가 할 수 있는 일이 많다"는 것을 보여주고 싶을 뿐이다.

라이프 플랜에 대한 전체적인 관점

자신이 상상하는 것과 일치하는가?	0 ← [========] → 100	
자신의 니즈를 충족하는가?	0 ← [========] → 100	
구현을 위한 에너지 레벨은?	0 ← [========] → 100	
환경은 변화를 지원하는가?	0 ← [========] → 100	

Design
Thinking
Life

아무 것도 바꾸지 않는다면
자신의 커리어는 어떻게 될까?

커리어 플랜1: .   .   .   .

시작   1단계   2단계

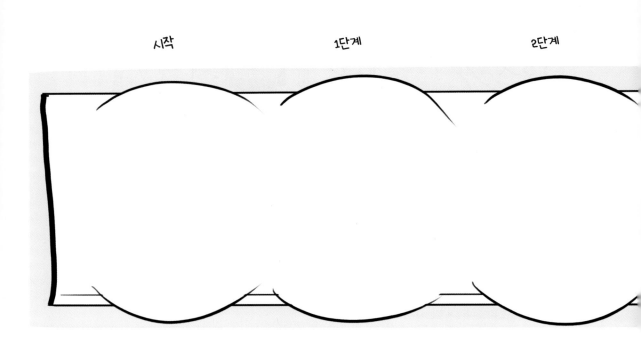

커리어 플랜은 어떤 니즈를 충족하는가?

. . . .

. . . .

커리어 플랜에 어떤 질문이 남아있는가?

. . . .

. . . .

. . . .

3단계　　　　　　　　　**이상적인 결과**

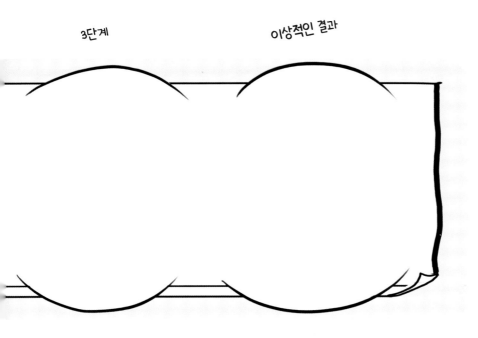

커리어 플랜에 대한 전체적인 관점

자신이 상상하는 것과
일치하는가?　　　0 ← ▭ → 100

자신의 니즈를 충족하는가?　　0 ← ▭ → 100

구현을 위한 에너지 레벨은?　　0 ← ▭ → 100

환경은 변화를 지원하는가?　　0 ← ▭ → 100

지금의 자리가 더 이상 존재하지 않는다면 어떻게 하겠는가?

커리어 플랜 2: . . . .

<table>
<tr><td>시작</td><td>1단계</td><td>2단계</td></tr>
</table>

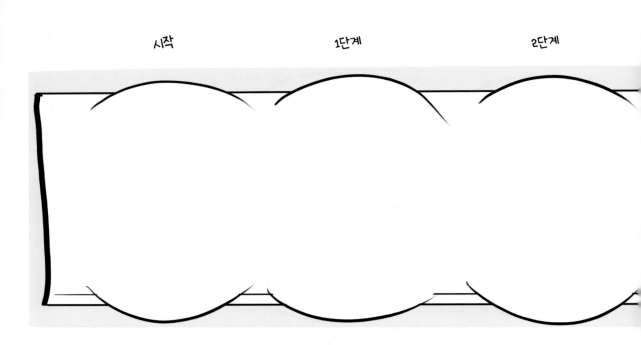

커리어 플랜은 어떤 니즈를 충족하는가?

. . . .
. . . .
. . . .

커리어 플랜에 어떤 질문이 남아있는가?

. . . .
. . . .
. . . .

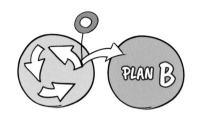

3단계   이상적인 결과

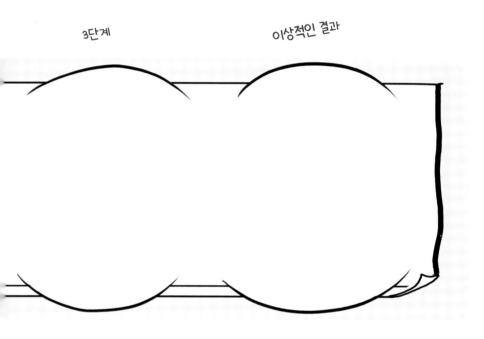

커리어 플랜에 대한 전체적인 관점

자신이 상상하는 것과   0 ←────────→ 100
일치하는가?

자신의 니즈를 충족하는가?   0 ←────────→ 100

구현을 위한 에너지 레벨은?   0 ←────────→ 100

환경은 변화를 지원하는가?   0 ←────────→ 100

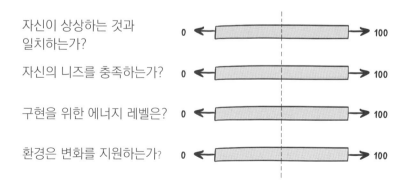

Design
Thinking
Life

돈과 지위가 중요하지 않다면 자신의 상황이나 커리어는
어떤 모습일까?

커리어 플랜 3: .

시작   1단계   2단계

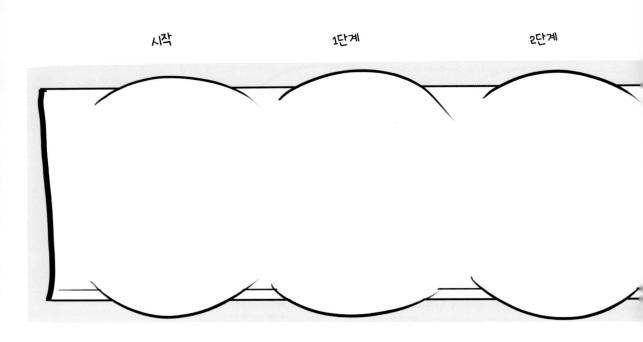

커리어 플랜은 어떤 니즈를 충족하는가?

. . . .

. . . .

. . . .

커리어 플랜에 어떤 질문이 남아있는가?

. . . .

. . . .

. . . .

3단계   이상적인 결과

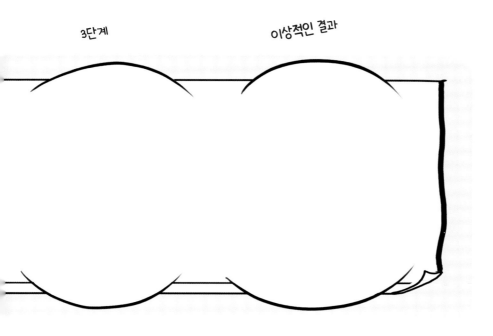

커리어 플랜에 대한 전체적인 관점

자신이 상상하는 것과
일치하는가?   0 ⟵━━━━━⟶ 100

자신의 니즈를 충족하는가?   0 ⟵━━━━━⟶ 100

구현을 위한 에너지 레벨은?   0 ⟵━━━━━⟶ 100

환경은 변화를 지원하는가?   0 ⟵━━━━━⟶ 100

옵션의 평가, 테스트 및 구현

Evaluate, test, and implement options

올바른 선택을 한다는 것은 말처럼 쉬운 일이 아니다. 우리는 항상 여러 가지 가능성이 존재한다는 사실을 알지만, 새로운 방향으로 나아가거나 기존의 경로를 벗어나기란 쉽지 않다. 그 이유는 안전지대에 안주하거나 매일 햄스터 쳇바퀴를 돌리듯 반복되는 일상이 편안하고 즐거워서이다. 이전의 라이프 디자인 씽킹 프로세스에서 새로운 통찰을 얻었다면 지금이 바로 변화를 시작할 적기이다.

어떤 옵션에 집중하겠는가?

디자인 씽킹에서는 사용자의 니즈(고객요구도), 수익성(생존가능성) 그리고 구현가능성, 이 세 가지가 교차하는 지점에서 적합한 해결책을 찾을 수 있다.

이를 통해 직업 및 커리어 플래닝을 위한 세 가지 핵심 질문을 도출할 수 있다:

1. 어떤 일을 하고 싶은가?
2. 어떤 기술을 갖고 있는가?
3. 시장에서 어떤 인재를 찾고 있는가?

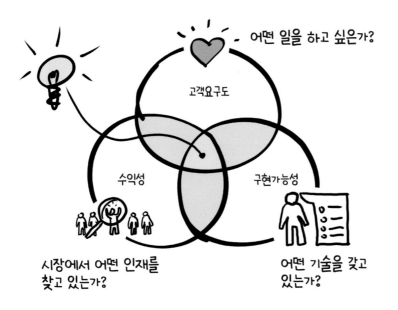

세 가지 관점이 중요한 이유는 무엇인가?

• 잘못된 커리어 전환의 위험성을 줄인다.
• 자신이 진정으로 하고 싶은 일을 더 빨리 찾을 수 있도록 돕는다.
• 새로운 관점과 기회를 찾는다.

지금까지는 커리어 플랜을 디자인할 때 수익성을 무시하고 주로 요구도와 구현가능성에 중점을 두었다.

'라이프 디자인 씽킹'에서 후자의 두 가지 속성은 중요하다. 자신에게 즐거움을 주는 활동을 추구해야만 성공할 수 있다고 확신하기 때문이다. 성공적인 커리어에 대한 정의는 연봉이 아니라 자신이 자랑스러워하고, 인정받으며, 의미 있다고 느끼는 일을 하는 것이다. 다시 말해, 이것은 "무엇을 위해 일을 하고 있는가?"라는 질문에 대한 답이다.

그럼에도 불구하고 수익성은 직업 및 커리어 플래닝의 중요한 부분이므로 미래에 어떤 산업, 회사 및 업무가 계속 존재할 것인지를 분석하여 이를 파악해야 한다. 이러한 예측은 통계, 선견지명 및 트렌드 논문에서도 확인할 수 있다. 또한 디지털화 및 자동화의 증가로 인해 조만간 사라질 직업도 있다. 그러나 그 결과로 생겨나고 새로운 기회를 제공하는 활동 분야도 무수히 많다. 특정 직업에 필요한 콘텐츠와 기술도 끊임없이 변화한다.

따라서 취업 시장에서 경쟁력을 유지하려면, 지속적인 학습과 배움으로 변화하는 요구 사항을 충족해야 한다.

이 기회를 통해 삶의 모든 영역이 서로 연관되어 있다는 점을 다시 한번 상기하자. 이 책의 첫 번째 파트에서는 이 시스템을 모바일로 소개했다. 직업과 커리어는 시스템의 일부이며, 균형이 잡힌 경우에만 만족스러운 삶을 살 수 있다. 다음 페이지에서는 옵션 선택을 단순화하기 위한 기술과 전략을 제시한다.

커리어와 관련된 '라이프 디자인 씽킹'이란 자신의 니즈 기술 그리고 재능을 시장의 요구와 일치시키는 것이다.

Design Thinking Life

아이디어와 컨셉의 선택

좋은 아이디어와 컨셉이 너무 많아 하나를 선택하기 어려운 경우가 있다.
고객요구도, 구현가능성 및 수익성 측면에서 세 가지 커리어 플랜을
생각해보려면 다음 질문이 도움이 된다.

커리어 플랜	1	2	3
1) 고객요구도: 자기 성찰 대시보드에서 가장 잘 드러나는 계획은 무엇인가?			
2) 구현가능성: 자신의 기술, 가치관 및 환경 요인에 가장 부합하는 계획은 무엇인가?			
3) 수익성: 적절한 급여 측면에서 가장 유망한 계획은 무엇인가?			
어떤 계획 또는 계획의 일부가 흥미롭고, 멋져 보이며, 테스트해야 할 것으로 보이는가?			

메모:

테트라렘마

커리어 플랜을 평가할 때 두 가지 옵션 중 하나를 선택하기는 쉽지 않다. 예를 들어, 전공의 경우 경영학을 공부할지 아니면 IT를 공부할지 또는 다음 커리어 단계와 관련하여 돈을 많이 버는 것에 집중할지 아니면 더 많은 자유시간을 원할지 등이다.

예를 들어, 216페이지에서 직업 및 커리어 플랜을 세울 때 옵션 1을 선택하면 현재의 경로로 계속 가는 것이고, 옵션 2는 완전히 새로운 커리어를 디자인하며, 옵션 3은 단순히 좋아하는 일을 하는 것이다.

이후 평가를 통해 둘 중 하나를 택하게 된다. 하지만 테트라렘마tetralemma 방법은 한 걸음 더 나아가 어떤 옵션도 전혀 설득력이 없을 경우 '뿐만 아니라' 가능성과 새로운 고려 사항을 구체적으로 살피는 데 도움이 된다. 정의된 세 가지 옵션 '뿐만 아니라' 해결책은 종종 더 존재한다. 예를 들어, "더 많은 자유 시간 또는 더 많은 돈"이라는 딜레마에서 수입은 동일하지만 업무량이 90%인 직업을 선택하는 것이다.

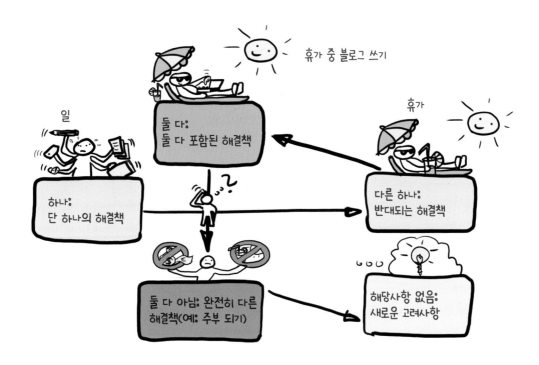

어떻게 하면 정의되고 통합된 커리어 플랜을 테스트할 수 있는가?

가능성과 아이디어 테스트를 위해 158페이지에서 다양한 절차를 검토했다. 이 단계에서는 브레인스토밍이나 브레인라이팅을 통해 올바른 맥락으로 선호하는 커리어 플랜을 테스트 해본다. 때로는 가족이나 친구들도 좋은 아이디어를 가지고 있어서 브레인스토밍에 도움을 줄 수 있다. 그렇다면 그들의 도움을 받아보는 건 어떨까?

스티브의 브레인스토밍

스티브의 첫 번째 브레인스토밍 세션에서는 자신의 커리어 플랜을 테스트할 수 있는 잠재적 기회와 커리어 플랜에 맞는 잠재적 회사, 조직 및 산업에 중점을 둔다. 브레인스토밍을 마친 후 그는 최고의 아이디어를 선택하고 기회를 탐색하는 데 필요한 행동 목록을 작성한다.

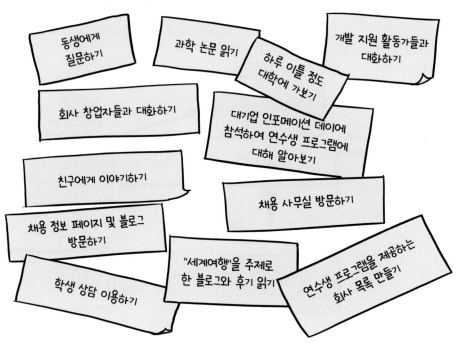

Who? What? Where? When?

스티브가 활동 목록을 작성한다.

가능한 한 구체적으로 계획을 세운다.

1. 형과 상의하여 하루나 이틀 정도, 가급적이면 다음 주에 있는 축하 행사를 위해
   뉴욕에 있는 가족을 방문할 때 형과 함께 코넬대학교에 간다.

2. 기술 스타트업에서 인턴 생활···

3. ······

4. ······

커리어 플랜을 테스트하기 위한 브레인스토밍

커리어 플랜을 테스트하기 위해 어떤 기회가 있는가?

어떤 직책, 회사, 조직 및 산업이 커리어 플래닝과 일치하는가?

마지막으로 누구와 무엇을 언제 테스트할지 결정하기 위한 목록을 작성한다.

커리어 플랜을 테스트하기 위한 브레인스토밍

활동 목록을 작성한다.
(Who? What? When? Where?)

Design
Thinking
Life

WHO	WHAT	WHEN	WHERE

☐
☐
☐
☐
☐

테스트 옵션

지금까지 스티브처럼 다양한 도구를 사용하여 자신의 기술과
가치관을 기준으로만 옵션을 평가했다.

이제 자신의 아이디어를 테스트하고, 자신이 느끼는 바를 확인하며,
자신이 경험하고 싶은 상황으로 나아가는 길을 찾을 차례이다.

> **커리어 플랜의 실험 목적은 질문에 대한 답을 얻고,
> 경험을 쌓으며, 마지막으로 가설을 테스트하는 것이다.**

 **박사 학위, 스타트업 또는 인턴십의 옵션을 테스트하기 위한
스티브의 접근 방식**

스티브의 상황 설명:

나는 대학에서 형과 이틀을 보냈다. 하루는 소규모 분과 세션에서 주제를
논의하는 내부 회의가 있었다. 나는 토론이 매우 즐거웠고, 대학 동료 간의
상호작용에 감사했다.

둘째 날에는 형의 하루 일과를 경험했다. 형은 튜토리얼을 열고, 강의를 했고,
오후에는 다양한 전문위원회 사람들과 지루한 회의를 했다. 이 날은 나에게
영원한 시간처럼 느껴졌다. 오후 6시에 형과 함께 대학을 떠날 수 있어서
행복했다.

결론: 다소 지루함

이틀동안 스타트업에서 일할 기회도 있었다. 첫날에는 대표를 만날 수 있었지만 시간이 많지 않았다. 그는 나에게 간단히 소개를 하고, 소프트웨어에 대한 액세스 권한을 주었다. 그런 다음 나는 혼자서 일해야 했다. 동료들은 내 질문에 답할 시간이 거의 없었고, 내가 지침을 물었을 때, 모든 것이 약간 혼란스럽다는 것을 깨달았다.

결론: 회사가 체계적이지 않음

스티브가 형과 함께 보낸 첫날은 매우 흥미진진했다. 둘째 날은 지루해서 죽을 지경이었다. 회사 설립자와의 교류도 스티브에게는 다소 냉혹했다. 해야 할 일은 많았지만 회사는 체계가 없어 보였다. 보통 스티브는 문제와 궁금증을 혼자서 해결하곤 했다.

스티브의 상황 설명:

나는 친구들과의 생일 파티에서 라이프 디자인 씽킹에 관해 이야기했고, 공부를 계속할지 아니면 일을 할지 고민하고 있다고 말했다. 이 상황은 내 여자친구에게 익숙해 보였다. 그녀는 내게 연수생 프로그램에 대해 이야기해주었다.

결론: 멋진 옵션

스티브는 친구와의 대화를 통해 커리어를 시작하는 것에 대한 또 다른 흥미로운 관점을 얻었다. 그녀는 산타클라라에 있는 애플에서 12개월 동안 인턴십을 한 적이 있다. 소프트웨어 엔지니어링 인턴십 프로그램을 통해 그녀는 비판적 사고 능력, 문제 해결 능력, 팀 단위로 신속하고 목적의식을 가지고 일하는 능력을 적용하고 경험할 수 있었다. 또한 다른 여러 부서와의 다학제적 협업을 통해 디자이너, 마케팅 전문가 및 제품 관리자의 업무도 경험했다.

가능한 한 다양하고 새로운 통찰을 얻을 수 있도록 옵션을 테스트하고 싶다. 그래야만 자신이 원하는 미래에 관해 더 많이 배울 수 있다. 또한 자기 성찰은 자신의 '여정'에서 매우 중요하다.

정보 수집 및 통찰 분석

쉐도잉, 인터뷰, 인턴십 및 소규모 탐구 프로젝트를 통해 기록해야 할 통찰을 얻을 수 있다. 일반적인 질문:

어떤 기분이 들었는가?
자신을 행복하게 만들거나 짜증나게 한 것은 무엇인가?
어떤 커리어 플랜 또는 다양한 계획의 조합을 선호하는가?
다른 사람들은 이런 상황에서 무엇을 했는가?

집중 및 실행

이제 전체 커리어 또는 커리어의 개별 단계에 대한 선택을 하고 실행을
위해 첫 걸음을 내딛을 때이다.

한 걸음 물러서서 자기 성찰, 옵션, 실험 결과 등에 관해 숙고한다. 이는
어떤 솔루션이 올바른 지 확인할 수 있는 좋은 방법이다.

실행을 위해서는 시간을 들여 작은 단계부터 시작하여 하나씩 해결해
나가는 것이 좋다. 비전, 계획, 할 일 목록 등은 탐색을 위한 효과적인
도구지만, 그보다 더 중요한 것은 먼저 시작하는 것이다. 경험에 비추어 볼
때, 작은 단계부터 도전하고, 성공을 축하하며, 점진적으로 변화를 만드는
것이 가장 바람직하다.

우리는 종종 너무 많은 작업을 한꺼번에 즉시 완료하려고 한다. 그러다
보면 방향을 잃고 허둥대기 쉽다. 민첩성이나 속도가 중요하다는 것은
인정하지만, '라이프 디자인 씽킹' 마인드세트를 성공적으로 적용하기
위해서는 생각하기, 행동하기, 성찰하기 이 세 가지 중요한 원칙을 지켜야
한다.

내부에서 보면, 햄스터 쳇바퀴가 마치 커리어
사다리처럼 보인다.

새로운 여정의 첫 번째 단계

그동안 당신은 긍정적인 일에 에너지를 쏟는 연습을 해왔다. 이제 새로운 여정의 첫 번째 단계에 많은 에너지를 쏟고 헌신해야 한다. 이 시점에서는 더 이상 새로운 방법이 필요하지 않다. 그저 시간을 들여 행동하고 그것을 즐기면 된다. 그리고 정기적으로 자신의 가설에 의문을 제기한다.

• 무엇을 먼저 할 것인가?

• 누가 나를 도울 수 있는가?

• 언제까지 이 단계를 실행하고 싶은가?

마지막 질문: 스티브는 어떻게 되었을까?

스티브는 큰 결정을 내려야 했다. 학사 학위를 취득한 스티브에게는 몇 가지 옵션이 있다. 한편으로는 석사 학위를 받고 졸업 후 형처럼 박사 학위를 받을 수도 있지만, 그가 관찰한 모습은 오히려 그 길의 선택을 단념하게 만들었다. 그의 형은 박사 학위를 받는 동안 아내 마렌, 어린 딸과 함께 부모님 집 다락방에서 살았다. 형편이 넉넉하지 않았고, 연구 작업 외에도 강의 준비를 위해 대학에서 많은 시간을 일해야 했다. 마렌과 알렉스는 자신들의 계획을 재고하고 '자유와 독립'을 상징하는 델라웨어로 이사 준비를 하고 있다. 윌밍턴 항구는 싱가포르만큼 인상적이지는 않지만, 근처에 때묻지 않은 자연이 많고 필라델피아에서 45분 거리에 있는 마렌이 쇼핑을 즐기기에도 좋은 곳이다. 형과 함께 보낸 이틀 동안 스티브는 긍정적인 경험을 했지만, 학계에는 지루한 요소도 있었다. 스타트업 아이디어는 매우 흥미로웠지만, 스티브는 자신이 기여할 수 있는 부분이 무엇인지에 대해 의구심이 들었다. 지금까지 그는 여름에 보이스카웃 캠프에서 코디네이터로 일한 것을 제외하고는 직장 경험이 전혀 없다.

정신적 과부하

그는 회사 창업자들과 대화를 나누면서 그들 중 다수가 30~40대이며, 성공적인 회사를 설립하기 전에 이미 한두 가지 계획으로 실패한 경험이 있다는 사실을 알게 되었다.

스티브의 친구는 실리콘밸리의 거대 기술 기업 중 한 곳에서 12개월간 인턴십 프로그램에 참여하는 아이디어를 떠올렸다. 이 인턴십 프로그램에서 스티브는 12개월 동안 최대 3개의 다른 부서를 경험할 수 있는 기회를 갖게 되었다. 스티브는 특히 이 제안에 매력을 느꼈는데, 회사의 다양한 부서에 대한 통찰을 얻고 자신이 진정으로 좋아하는 것이 무엇인지 확인할 수 있는 기회를 가질 수 있기 때문이다. 또한 석사 학위를 취득하려는 선택과 관련하여, 어느 정도 시간도 벌게 되었다. 인턴십이 끝나면 공부를 계속할지, 스타트업에 입사할지, 직장 생활을 시작할지 등 모든 것이 그에게 열려 있을 것이다.

스티브가 라이프 디자인 씽킹 작업을 시작했을 때 그는 약간 혼란스러웠다. 하지만 자신의 강점과 약점, 행동 방식과 사고방식 및 성향이 어떠한지 파악하는 것이 중요했다. 내년에 그는 인턴십 기간 동안 이러한 새로운 가정을 테스트할 것이다!

옵션 성찰을 위한 질문
Questions for reflection on options

모든 변화는 삶에 영향을 준다. 햄스터 쳇바퀴에서 벗어나기 위해서는 종종 현재 삶과 일의 구조, 프로세스 및 규칙 등을 근본적으로 조정해야 한다. 2부 마지막에는 개별적으로 선택한 옵션에 관해 생각해 볼 수 있는 8가지 질문을 제시한다. 이에 대한 답변을 통해 변화의 준비가 되었는지를 빠르게 파악할 수 있다. 선호하는 옵션에 대해 여전히 의문이 남아 있다면, 개별 진술을 다시 생각하거나 커리어 패스를 재고하는 것이 좋다.

옵션 성찰을 위한 결정

자신의 재능이 무엇이든, 자신을 부끄러워하지 마라.
그것을 받아들이고, 공유하고 그리고 무언가를 만들어가는
것이 좋다.

1) 변화를 통해 달성하고자 하는 목표와 변화가 영향을 미칠 삶의 영역이
   무엇인지 알고 있다.

| 예 | 어느 정도 | 아직 아님 |

2) 지난 큰 변화의 성공 또는 실패 요인을 성찰하고, 이러한 통찰을
   현재 상황에 활용한다.

| 예 | 어느 정도 | 아직 아님 |

3) 새로운 상황으로 인해 누가 영향을 받게 될지 알게 되었다. 당신은
   변화를 지지하는 사람과 이에 반대하는 사람이 누구인지 알고 있다.

| 예 | 어느 정도 | 아직 아님 |

4) 어떤 옵션을 선택했을 때, 무엇을 포기하고 무엇을 버려야 하는지 알고 있다.
모든 변화에 수반되는 희생을 받아들일 준비가 되어 있다.

5) 목표를 달성하기 위해 다음에 해야 할 일을 알고 있다.

6) 프로젝트에서 누가 당신을 지원할지 알고 있으며, 비슷한 변화를
주도하고 조언을 구할 수 있는 사람들을 파악했다.

7) 2년 또는 5년 후를 돌아봤을 때 다가올 변화에 대해 어떻게 생각할지
마음속으로 상상해보았다.

8) 이러한 성찰을 통해 얻은 답을 가지고 선택한 옵션을 검토한 후, 그
결정을 고수하고 있는가?

마지막으로 중요한 것: 여행의 끝이 진정한 시작이다

'라이프 디자인 씽킹' 마인드세트는 우리 자신의 변화에 도움이 되지만 조직, 회사 및 기타 시스템을 바꾸는 기반이 되기도 한다. 자기효능감과 자기 인식은 꿈을 꾸는 것뿐만 아니라 자신의 삶을 주도적이고 적극적으로 살아가기 위한 열쇠이다. 이 책의 마지막 파트에서는, 변화 디자인은 지속적이어야 하고, 궁극적으로 더 나은 삶을 위해 계속 노력해야 한다는 것을 다시 한번 강조한다. 사고의 규칙은 '라이프 디자인 씽킹'의 중요한 기술과 전략을 요약하고, 우리가 삶의 대본을 직접 쓰고 있으며, 언제든지 다시 쓸 수 있다는 것, 즉 바꿀 수 있다는 것이다.

이제 이 책의 마지막 페이지에 이르렀다. 사실 우리의 삶은 나선형으로 끊임없이 발전하고, 다양한 영역에서 새로운 질문이 계속해서 생겨나기 때문에 1페이지부터 다시 시작하는 것이 좋을 수도 있다. 또한 자신이 어디에 서 있는지 정기적으로 성찰하는 것은 웰빙과 자기효능감에 긍정적인 영향을 준다.

'라이프 디자인 씽킹'을 통해 인생에는 우리가 받아들여야 할 상황과 적극적으로 해결해야 할 문제가 있다는 것을 깨달았다. 때로는 문제를 다른 각도에서 바라보는 것(리프레이밍)이 문제를 다르게, 더 나은 방식으로 다루거나 단순하게 받아들이는 데 도움이 된다. 자신과 자신의 행동에 대한 타인의 관점을 깊이 이해하는 것은 변화를 위한 중요한 자극이다. 여기에서 중요한 것은 마인드세트(또는 태도)와 변화에 수반되는 전략 및 기술이다.

'라이프 디자인 씽킹' 패러다임에서는 프로토타입과 컨셉을 테스트하고 반복 작업을 수행하며 마침내 새로운 지평을 열 수 있도록 하는 것이 필수적이다. 익숙한 곳을 떠나는 능력은 배울 수 있다. 이러한 개념을 자신에게 적용한다면 일상의 업무와 팀의 혁신, 그리고 조직 및 회사에서 이를 유용하게 사용할 수 있을 것이다. 그렇게 하는 데 성공한 사람들은 자기효능적인 방식으로 자신의 삶의 대본을 스스로 작성한다!

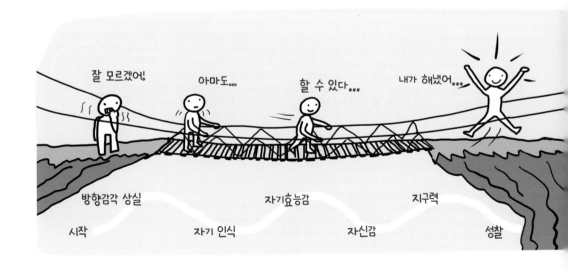

다음 사고 규칙은 변화를 디자인하고, 자기효능감을 유지하며, 웰빙을 증진하기 위해 매일 스스로에게 동기부여 하는데 도움이 된다:

- 상상할 수 없는 것을 생각하라 – "상자 밖에서 생각하라."
- 사실과 해결가능한 문제를 구분하라. 좋은 문제 정의는 변화를 디자인하기 위한 최고의 출발점이다.
- 자신에 대한 다른 사람들의 인식을 성찰하라. 이는 가설을 거부하고 방향을 바꿔야 할 수도 있다는 신호이다.
- 변화는 항상 자신으로부터 시작된다. 자신의 상황에 대해 다른 사람에게 책임을 돌리는 것은 단기적으로는 정신 건강에 좋지만, 행동으로 이어지지는 않는다.
- 새로운 삶의 개념을 테스트하고 과감하게 한계에 도전하라 – 그래야만 언젠가는 그 한계를 뛰어넘을 수 있다.
- 큰 비전을 세우고 이를 작은 단계로 실행하거나 조정한다.
- 변화는 항상 저항을 수반한다. 누가 나를 지지하고 누가 나를 막는지 알면 다음 단계를 정의하는데 도움이 된다.
- 마지막으로 중요한 것은 모든 일은 대개 생각했던 것과는 다르게 진행되기 때문에 자신의 인생을 디자인한다는 것은 언제든 새로운 방향으로 나아갈 수 있는 지속적인 작업이라는 것이다.

어제와 오늘을 받아들이는 사람만이 내일을 자유롭게 디자인할 수 있다.

내려놓는 자만이 미래를 붙잡을 수 있는 자유를 누릴 수 있다.

Index

라이프 디자인 씽킹의 적용

라이프 디자인 씽킹 마인드세트는
인생의 다양한 단계에 있는 사람들에게
도움이 됩니다. 이 책의 마지막에는
라이프 디자인 씽킹 워크숍의 강의
사진을 담아 여러분에게 영감을 주고자
합니다. 온라인 강좌로 또는 다른
사람들과 함께 라이프 디자인 씽킹을
경험하는 것은 매우 풍요로운 경험이 될
수 있을 것입니다.

예시:
학생과 전문가를 위한 라이프 디자인
씽킹 워크숍

라이프 디자인 씽킹은 디자인 씽킹 플레이북의 마인드세트를 기반으로 합니다.

모든 변화에는 목표가 필요합니다....

....그리고 목표에 도달하기 위한 단계별 방법이 필요합니다.

만약 당신이 하루 종일 좋아하는 일을 할 수 있다면?

에너지 저널을 통해 원인이 어디에 있는지 처음으로 알게 되었습니다.

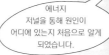

제 창의성이 이렇게 많은 커리어 옵션과 관련이 있을 줄은 몰랐어요.

예시:
라이프 디자인 씽킹/디자인 유어 퓨처
온라인 코스

"라이프 디자인 씽킹" MOOC 강의에 오신 것을 환영합니다.

예시:
커리어 플래닝을 위한
라이프 디자인 씽킹 워크숍

예시:
전문가, 관리자, 임원을 위한
라이프 디자인 씽킹 트레이닝

큰 변화가 있을 때, 우리는 종종 시스템 작업을 합니다.

디자인 씽킹에 대해 더 알고 싶은가요?

아이디어를 실현 가능한 혁신으로 만드는
창의적인 도구와 방법론

디자인 씽킹 7 프로세스와 가장 혁신적인 워크 툴킷

이 책은 디자인 씽킹의 7 프로세스에서 사용되는 혁신적인 도구와 방법론을 제시한다. 디자인 씽킹을 활용하고 있는 전문가들의 의견과 조언을 바탕으로, 가장 인기 있는 디자인 씽킹 도구와 방법론을 전문가들의 설명과 함께 실었다. 이 책은 디자인 씽킹에서 가장 많이 활용되고 있는 혁신적인 도구에 관한 설명과 함께 사용법, 전문가 팁, 템플릿, 이미지 등이 포함되어 있어, 디자인 씽킹을 처음 접하는 초보자는 물론 혁신적인 디자인 씽킹 도구와 방법론을 빠르고 통합적으로 익히고 배우려는 전문 디자인 씽커 모두에게 큰 도움이 된다.
마이클 루릭 외 지음 | 이유종 외 옮김 | 22,000원

비즈니스 모델을 디자인하고 비즈니스 에코시스템을
도출하는 가장 혁신적인 방법론

비즈니스 에코시스템과 미래 성장을 위한 디자인 씽킹

이 책은 비즈니스 모델과 에코시스템을 디자인하고 확장하는 데 있어, 놀랍고 신선한 접근 방식을 제시한다. 저자는 비즈니스 에코시스템의 디자인, 개발 및 구현을 위한 포괄적인 절차 모델을 제공하면서 성공적인 에코시스템을 만드는 데 가장 중요한 디자인 방법론과 도구를 소개한다. 모든 유형의 산업에 종사하는 경영진, 제품 관리자, 부서장 및 비영리 단체 전문가와 창업자 등에게 기업의 성장과 성공을 위한 새롭고 혁신적인 아이디어 개발 방법을 제시한다. 이 책은 점점 더 빠르게 변화하는 시대에 혁신, 디지털 전환, 비즈니스 성장을 더 효과적으로 이끌도록 돕고 있다. 비즈니스 성장을 위해 새로운 디자인 씽킹 마인드세트를 적용할 준비가 되었다면, 이 책은 최고의 도구이다.
마이클 루릭 지음 | 이유종 외 옮김 | 25,000원